Inhalt

Der Gabler Verlag ist ein Unternehmen der Verlagsgruppe Bertelsmann International.

Lektorat: Dipl.-Kfm. Bärbel Petry
Satz: Publishing Studio, Dreieich-Buchschlag

ISBN 978-3-409-00164-9 ISBN 978-3-322-85674-6 (eBook)
DOI 10.1007/978-3-322-85674-6

1. Einführung

1.1 Begriffe und Wesen

Lernziele:

Sie können Bedeutung und Grundprinzip der Datenverarbeitung sowie den Begriff Daten beschreiben.

Sie kennen Ziele, Möglichkeiten und Auswirkungen der Datenverarbeitung.

Der in die Industriegesellschaft hineingeborene Mensch wird im Laufe seines Lebens immer wieder mit der elektronischen Datenverarbeitung (EDV) konfrontiert. Ob er nun in ein Parkhaus fährt, Geld am Nachtschalter abholt, im Supermarkt einkauft oder eine Bahnfahrkarte löst. Ein Automat liest Magnetstreifenkarten, Balkencodes oder druckt eine Fahrkarte. Dahinter verbirgt sich immer ein Elektronenrechner der mit großer Schnelligkeit Informationen verarbeitet und speichert.

Nur wenige hochqualifizierte Berufe kommen heute ohne den Computer aus. Ein Blick in die Stellenofferten großer Tageszeitungen zeigt, daß in vielen Fällen Kentnisse und Fertigkeiten in EDV vorausgesetzt werden. Im besonderen Maße gilt dies für kaufmännische und naturwissenschaftliche Berufe. War EDV-Wissen bis in die siebziger Jahre eine Domäne von EDV-Spezialisten, wie Programmierern, Systemprogrammierern und Systemanalytikern, so hat sich heute das Bild infolge der weiten Verbreitung von Kleinrechnern grundlegend verändert. Kaum ein Student schreibt seine Examensarbeit noch auf der Schreibmaschine, sondern auf einem PC mit Textprogramm, der Sachbearbeiter nutzt für Aufstellungen, Berechnungen und das Führen von Dateien ganz selbstverständlich Tabellenkalkulations- und Datenbankprogramme. Der Computer steht heute nicht mehr nur in einem Rechenzentrum, zu dem nur ausgewählte Spezialisten Zutritt haben, er steht auf dem Schreibtisch der Sekretärin, des Sachbearbeiters und des Abteilungsleiters.

Im Jahr 2000 werden nur noch etwa 36 Prozent aller Erwerbstätigen ohne DV-Kenntnisse auskommen. Abbildung 1 zeigt, daß bereits im Jahr 1990 43 Prozent aller Beschäftigten eine Berufstätigkeit ausüben, die von Datenverarbeitung bestimmt ist. Bis zum Jahr 2000 werden es 64 Prozent sein.

Ein Trend der letzten Jahre geht immer stärker hin zur Datenkommunikation. Mit zunehmender Verbreitung von Mikrorechnern erscheint es immer unsinniger, ein Dokument mit Hilfe eines Computers zu verfassen, um es zu drucken und zu versenden. Ohne den Umweg über Drucker, Papier und die Post läßt sich ein Dokument blitzschnell von Rechner zu Rechner senden, per Electronic Mail. Auch der Zugriff auf entfernt gespeicherte Informationen, auf Datenbanken ist bereits üblich. Ein wahrer Run auf lokale Netzwerke, die betriebliche Funktionsbereiche und deren Klein- und Großrechner miteinander verbinden, kennzeichnet die Entwicklung der Datenverarbeitung in den letzten Jahren. Computer sind Maschinen für die Verarbeitung von Informationen. Informationsverarbeitung kann sehr unterschiedliche Erscheinungsformen aufweisen. Einige Beispiele:

- Berechnen mathematischer Aufgabenstellungen,
- Auswerten von Datensammlungen,
- Ordnen von Informationen zu Berichten,
- Datenfernübertragung,
- Steuern von Fertigungsmaschinen,
- präzise Zeitmessungen im Sport.

Die Begriffe Computer[1], Rechner und Datenverarbeitungsanlage sind Synonyme. Kommen zur Anlage noch spezifische Programme hinzu, spricht man von einem Datenverarbeitungssystem. Ein Datenverarbeitungssystem ist nach DIN 44 300 eine Funktionseinheit zur Verarbeitung von Daten.

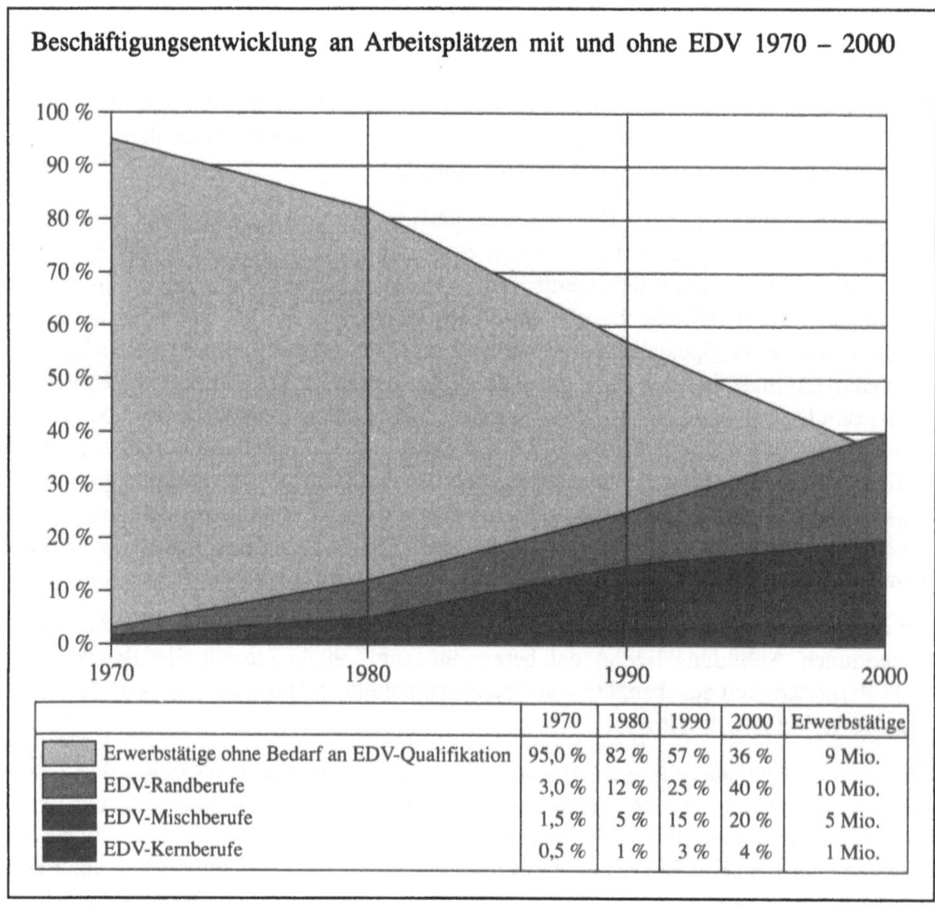

	1970	1980	1990	2000	Erwerbstätige
Erwerbstätige ohne Bedarf an EDV-Qualifikation	95,0 %	82 %	57 %	36 %	9 Mio.
EDV-Randberufe	3,0 %	12 %	25 %	40 %	10 Mio.
EDV-Mischberufe	1,5 %	5 %	15 %	20 %	5 Mio.
EDV-Kernberufe	0,5 %	1 %	3 %	4 %	1 Mio.

Abbildung 1: Beschäftigungsentwicklung an Arbeitsplätzen mit Datenverarbeitung (Quelle: CDI 1989)[2]

1 Engl. to compute = rechnen

2 Stellenauswertung 1. Quartal 1989; Control Data Institut; S. 3

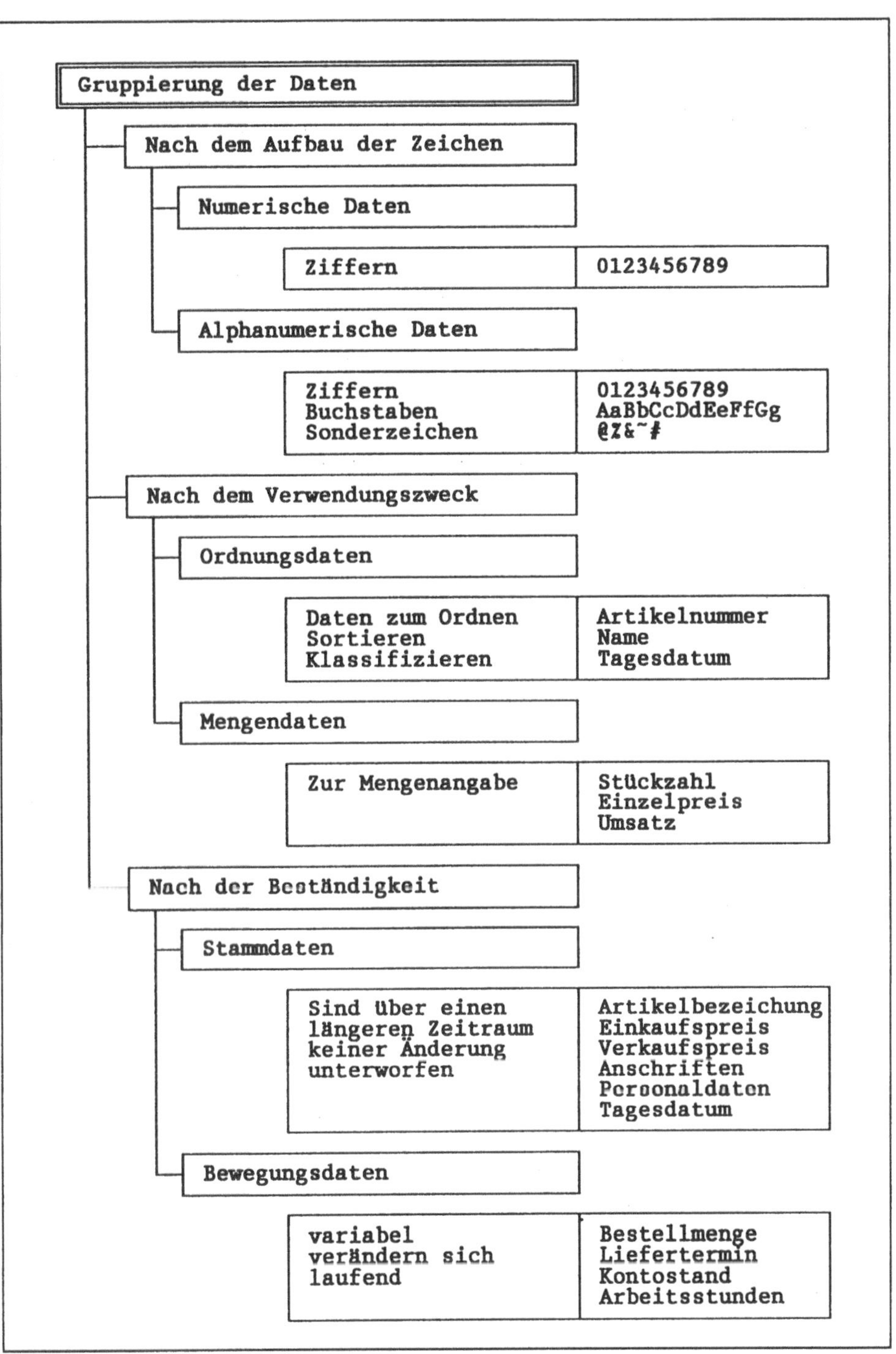

Abbildung 2: Gruppierung der Daten

1.1.1 Daten

Die Begriffe Information und Datum beschreiben im Grunde den gleichen Sachverhalt. Man versteht unter **Daten** Angaben, die sich auf Dinge, Lebewesen oder Sachverhalte beziehen. In einem Betrieb wird ständig kommuniziert; es werden Nachrichten, die den Menschen über etwas informieren (Informationen) ausgetauscht. Diese Informationen setzen sich aus Daten zusammen.

Ein Datum ist also nicht eine willkürliche Aneinanderreihung von Zeichen (Buchstaben, Ziffern, Sonderzeichen), sondern eine Aneinanderreihung von Zeichen so, daß dadurch ein bestimmter, den Menschen informierender Begriff (zum Beispiel ein Name, eine Artikelbezeichnung, eine Kundennummer) entsteht. Anschaulicher läßt sich der Begriff des Datums und der Daten wie folgt angeben:

Daten sind Angaben zu Personen, Dingen und Sachverhalten.

Beispiele:
- Adresse des Kunden,
- Kundennummer,
- Bezeichnung, Nummer und Anzahl der bestellten Artikel,
- Liefertermin.

Daten lassen sich nun nach verschiedenen Gesichtspunkten gruppieren, je nachdem, ob der Aufbau der Daten aus einzelnen Zeichen, der Verwendungszweck der Daten oder der Grad der Beständigkeit der Daten von Interesse ist.

Die bisherige Behandlung des Datenbegriffs und die Gruppierung ist universell und unabhängig davon, ob eine Datenverarbeitungsanlage verwendet wird oder ob die Daten rein manuell bearbeitet werden.

Unter dem Aspekt der Verwendung einer Datenverarbeitungsanlage kommt als weitere Gruppierungsmöglichkeit die Einteilung nach Eingabe- und Ausgabedaten und gespeicherten Daten hinzu:

Im Zusammenhang mit einer Datenverarbeitungsanlage lassen sich außerdem noch **Steuerdaten** unterscheiden. Dies sind Daten, aus denen die Computer-Programme aufgebaut sind. Sie steuern den Ablauf und die Arbeitsschritte der Datenverarbeitungsanlage.

Daten können mittels sehr unterschiedlicher Medien dauerhaft festgehalten, das heißt gespeichert werden. Medien zur Datenspeicherung bezeichnet man als **Datenträger.**

1.1.2 Verarbeitung von Daten

Unabhängig davon, mit was die Verarbeitung nun vorgenommen wird, bedeutet Verarbeitung von Daten für die Praxis:

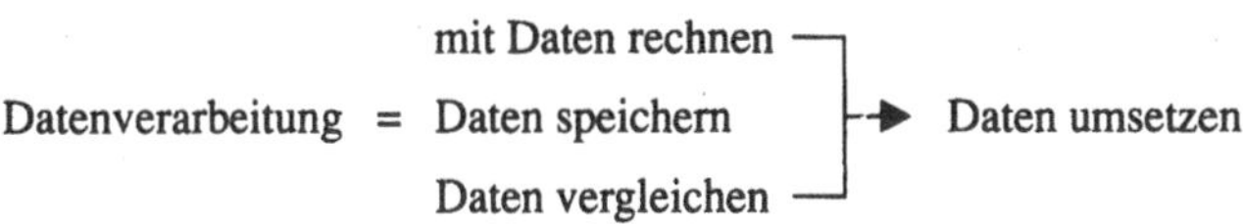

Beispiele:
- mathematische Berechnungen durchführen,
- Umsatzzahlen ermitteln und speichern,
- Artikelnummern sortieren,
- Bestellungen und Auslieferungen vergleichen.

Die von einer Datenverarbeitungsanlage (DVA) verarbeiteten Informationen ändern sich meist in ihrer Form oder ihrem Inhalt. Ein Rechner vermag aus einer Vielzahl von Zahlen eine statistische Aussage zu filtern, aus einem fließend eingegebenen Text einen gedruckten Bericht zu machen oder mit vorgegebenen Zahlen die Bewegungen eines Fertigungsautomaten zu veranlassen.

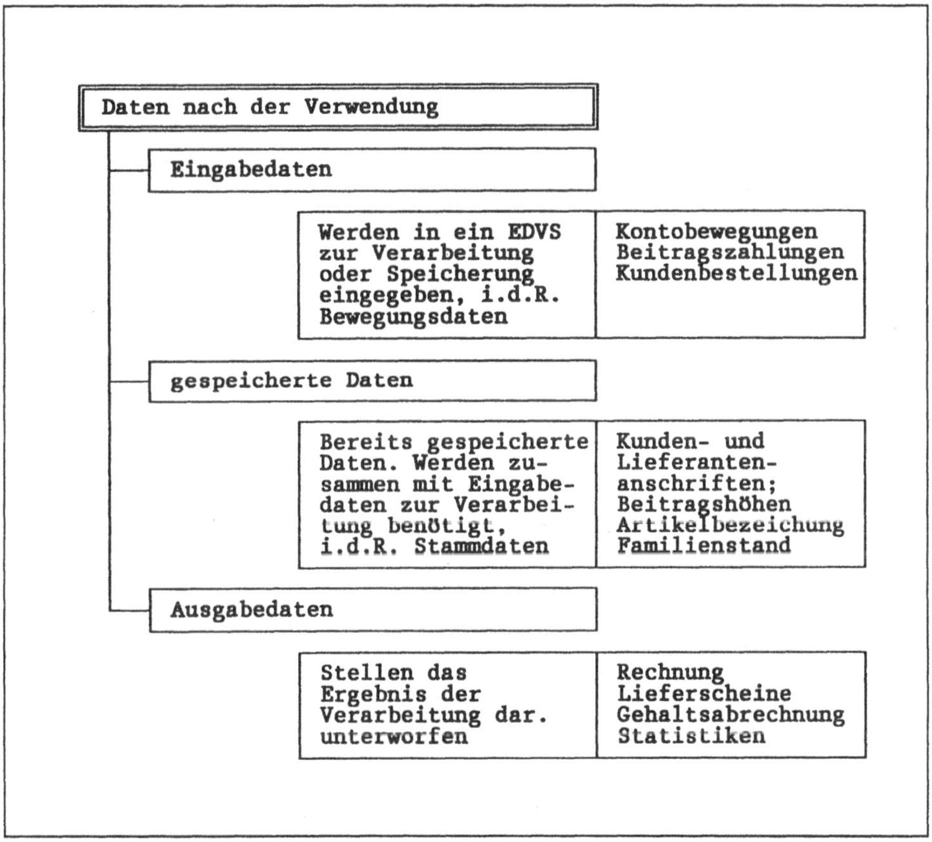

Daten nach der Verwendung

Daten nach der Verwendung		
Eingabedaten	Werden in ein EDVS zur Verarbeitung oder Speicherung eingegeben, i.d.R. Bewegungsdaten	Kontobewegungen Beitragszahlungen Kundenbestellungen
gespeicherte Daten	Bereits gespeicherte Daten. Werden zusammen mit Eingabedaten zur Verarbeitung benötigt, i.d.R. Stammdaten	Kunden- und Lieferantenanschriften; Beitragshöhen Artikelbezeichung Familienstand
Ausgabedaten	Stellen das Ergebnis der Verarbeitung dar. unterworfen	Rechnung Lieferscheine Gehaltsabrechnung Statistiken

Abbildung 3: Gruppierung nach Eingabe- und Ausgabedaten und gespeicherten Daten

Datenverarbeitung ist ein Prozeß, der erfaßte Daten (Ausgangsinformationen) in gewünschte Daten (Zielinformationen) transformiert.

Doch reicht der Begriff Datenverarbeitung im allgemeinen Sprachgebrauch weiter. Man subsumiert darunter die Erfassung, Umformung, Übertragung und Speicherung von Daten.

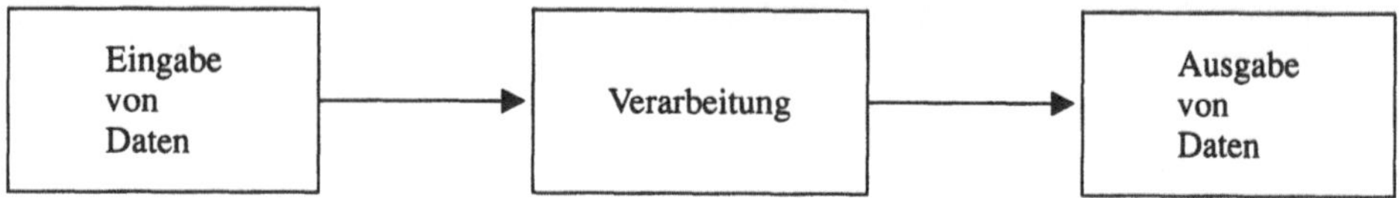

Der Prozeß der Datenverarbeitung vollzieht sich in drei grundlegenden Phasen. Man nennt sie das Grundprinzip der Datenverarbeitung: das EVA-Prinzip (Eingabe-Verarbeitung-Ausgabe). Es zeichnet jede Form von Datenverarbeitung aus, nicht nur die maschinelle, sondern auch die menschliche bzw. manuelle Datenverarbeitung.

Nehmen wir das Beispiel einer Erlösberechnung. Aus der verkauften Menge einer Ware und dem Einzelpreis wird der Verkaufserlös ermittelt.

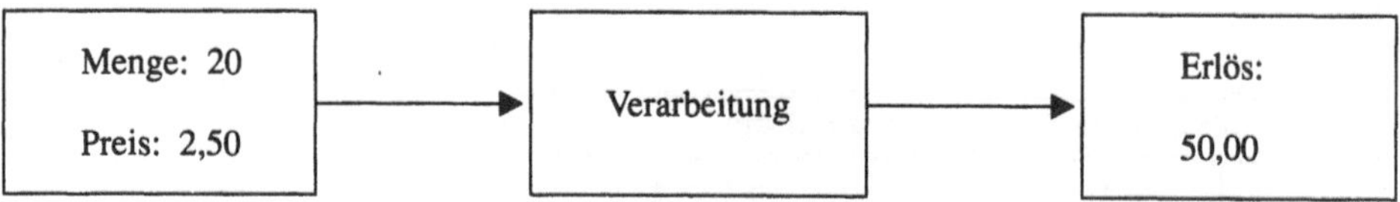

„Wer oder was leistet die menschliche Datenverarbeitung?“

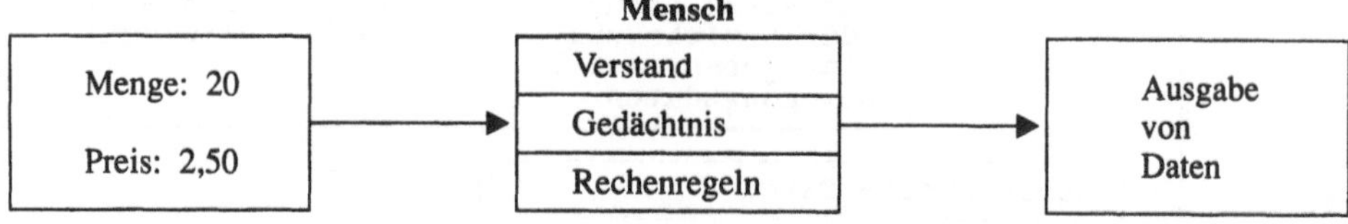

Der Mensch braucht seinen Verstand, um das Problem zu erkennen und um Rechenregeln richtig anzuwenden. Im Gedächtnis hat er die gerade gelesenen Werte für Menge und Preis. Nun kann er mit Hilfe der Rechenregel für die Multiplikation die Verarbeitung der Daten beginnen. Bei der maschinellen Datenverarbeitung übernimmt der Computer bzw. dessen Bauteile diese Arbeit.

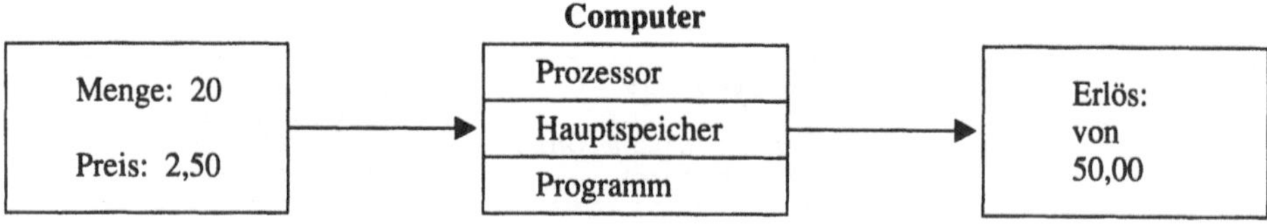

Der Prozessor legt die Werte für Menge und Preis vorübergehend in dem ihm direkt zugeordneten Speicher (Zentralspeicher) ab. Das Programm enthält die Rechenregeln. Der Prozessor liest das Programm und erfährt so, wie das Ergebnis zu ermitteln ist.

1.2 Aufgaben und Einsatzmöglichkeiten der Datenverarbeitung

Dank der hohen Verarbeitungsgeschwindigkeit und dem enormen Speichervermögen von EDV-Anlagen, können heute so große Datenmengen bearbeitet werden, wie dies durch Menschen in vertretbarer Zeit unmöglich wäre. Denken Sie an die Tausenden von Kontoauszügen, die täglich von Großbanken erstellt werden müssen, die Platzbuchungen der Luftfahrtgesellschaften aus allen Standorten ihrer Büros oder die Abwicklung von Bestellungen an große Versandhäuser.

Längst sind neben Verarbeitungsgeschwindigkeit und Speicherkapazität die Fehlerfreiheit und die hohe Qualität der Ergebnisse wichtige Merkmale der elektronischen Datenverarbeitung. Die Vorbereitung unternehmerischer Entscheidungen muß schnell, flexibel und fehlerfrei geschehen. Die EDV bietet hierzu das Instrumentarium. Absatztrends, Liquiditätsentwicklungen und Gewinnerwartungen lassen sich rasch durch entsprechendes Zahlenmaterial erhärten. Die dazu notwendigen Programme können immer wieder angepaßt und verfeinert werden.

Inzwischen haben wir uns daran gewöhnt, daß Rechner Aufgaben übernehmen, die Menschen nicht hätten wahrnehmen können, weil sie durch das Ausmaß der erforderlichen Berechnungen pro Zeiteinheit überfordert wären. Beispiele dafür sind die Raumfahrt, die Steuerung und Kontrolle von Atomkraftwerken oder auch die Hochrechnung der voraussichtlichen Wahlergebnisse noch während oder unmittelbar nach Wahlen.

Kosten/Nutzen-Überlegungen stehen immer am Anfang unternehmerischer Entscheidungen. Datenverarbeitungsanlagen haben so rasch in den Betrieben Eingang gefunden, weil sich Unternehmer durch sie einen Rationalisierungseffekt versprochen haben. Im Fertigungsbereich ist die Wirkung der Automatisierung unumstritten. Der Güterausstoß unserer Wirtschaft ist enorm gestiegen, die Anzahl der in der Produktion Beschäftigten hat im Verhältnis dazu abgenommen. Das heißt, in der Produktion arbeiten heute erheblich weniger Arbeitskräfte pro Fertigungseinheit als je zuvor. Ebenso leicht läßt sich eine durch die EDV verursachte Personaleinsparung im Verwaltungsbereich nicht nachweisen. Schätzungen besagen, daß höchstens ein Prozentsatz von 25 Prozent aller Verwaltungstätigkeiten zu automatisieren sein wird.

Alle Formen der administrativen Abrechnungen sind durch hohen Ein-Ausgabeaufwand und geringer Rechnerintensität gekennzeichnet. Dagegen sind technisch-wissenschaftliche Anwendungen im allgemeinen wenig ein/ausgabeintensiv aber sehr rechnerintensiv.

Der PC (Personal Computer) gewinnt für den einzelnen Mitarbeiter durch die unmittelbare und direkte Zugriffsmöglichkeit zu DV-Leistungen eine immer bedeutendere Rolle, gerade auch in Klein- und Mittelbetrieben.

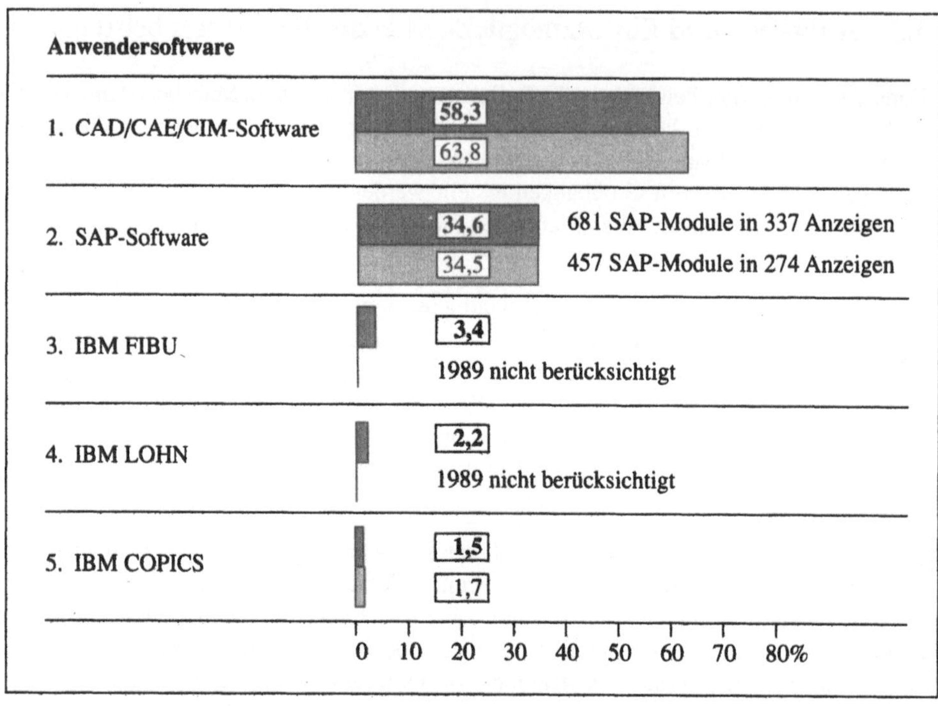

Abbildung 4: Stellenangebote nach Anwendersoftware
Quelle: Arbeitsmarkt 1990; CDI München[1]
Legende: Oberer Balken 1990, unterer Balken 1989

1.3 Ziele des Einsatzes der Datenverarbeitung

Die Gründe für den Einsatz einer DVA in einem Betrieb sind mannigfaltiger Art, lassen sich aber alle letztlich auf zwei Erfordernisse zurückführen:

Innerhalb der immer umfangreicher werdenden verwalterischen Tätigkeiten sollen anfallende Routinearbeiten nach Möglichkeit von Automaten übernommen werden.

Die Notwendigkeit der Anpassung an die sich schnell wandelnden Verbraucherwünsche einerseits und an die Gegebenheiten des nationalen und internationalen Marktes andererseits bedingen immer schnellere und möglichst lückenlose Informationen.

Als Zielvorstellungen des DV-Einsatzes im kommerziellen Bereich lassen sich ableiten:

- Beitrag zur Rationalisierung in Form von Automatisierung der in großen Mengen anfallenden Routinearbeiten;
- Befriedigung des immer größer werdenden Informationsbedürfnisses.

1 Arbeitsmarkt 1990; Control Data Institut; München 1990, S. 18

Damit zusammen hängt natürlich der Wunsch nach Personaleinsparung und fehlerfreier Bearbeitung von Massendaten; damit zusammen hängt aber zum Beispiel auch der Wunsch, eine größere Transparenz in betriebliche Vorgänge zu bringen, also Prozesse innerhalb eines Betriebes besser erfassen, durchleuchten, auswerten und auch eventuell vorhersagen zu können. Darunter fällt weiterhin der Drang nach möglichst optimalen Unternehmensentscheidungen mit Hilfe zum Beispiel der komplexen quantitativen Methoden eines CIM Konzeptes. Auch die zum Beispiel für das Marketing im Sinne marktorientierten Verhaltens notwendigen Kenntnisse über den Markt erfordern das Sammeln und Verarbeiten umfangreicher Daten, so daß schnell das Informationsbedürfnis im Hinblick auf Markt, Konkurrenz, Kunden und Umsatz befriedigt werden kann.

Jedem Einsatz der Datenverarbeitung im kommerziellen Bereich liegt jedoch ein generelles Ziel zugrunde:

Erhöhung der Wirtschaftlichkeit und der Rentabilität des Unternehmens sowie Entlastung der Mitarbeiter von Routinearbeit.

Die Auswirkungen der Datenverarbeitung können also wie folgt dargestellt werden:

Es ist nicht so, daß bei der modernen Datenverarbeitung der Mensch in seinen kreativen Notwendigkeiten, in seinen denkerischen Tätigkeiten und in seiner Verantwortung durch den Computer entlastet wird.

Ein Computer hat keine eigene Intelligenz, die zum Denken und zu eigenverantwortlichen Entscheidungen befähigt.

Um die Möglichkeiten des Computers auszunützen, müssen wir ihm „vordenken", was er nachvollziehen soll. Das „Vorgedachte" ist das Programm.

Jeder Computer ist nur so gut wie der Mensch, der ihn programmiert und der, der ihn bedient.

Insofern:

Die Anforderungen an die Kreativität und an die Qualifikation des einzelnen Menschen werden durch die moderne Datenverarbeitung größer; Entlastung nur von Routinearbeit, nicht von Kreativität und Verantwortung.

Aufgaben zur Selbstüberprüfung:

1. Beschreiben Sie, welche Verbreitung die Datenverarbeitung bis zum Jahr 2000 erlangen wird.
2. Nennen Sie Beispiele für Erscheinungsformen der Informationsverarbeitung!
3. Was sind Daten? Geben Sie Beispiele!
4. Nach welchen Kriterien lassen sich Daten gruppieren?
5. Gruppieren sie folgende Daten
   a) Ein im Akkord beschäftigter Arbeiter produziert 134 Stück.
   b) Im Sozialversicherungsnachweisheft eines Mitarbeiters ist die Versicherungsnummer 24110672M004 eingetragen.
6. Was versteht man unter Datenverarbeitung?
7. Was versteht man unter dem sogenannten „EVA-Prinzip"?
8. Welches sind die Hauptanwendungsgebiete der Datenverarbeitung?
9. Welches generelle Ziel liegt jedem Einsatz der Datenverarbeitung im kommerziellen Bereich zugrunde?

2. EDV-System

2.1 Komponenten eines EDV-Systems

Lernziele:

Sie kennen die Funktionseinheiten von EDV-Anlagen und die verschiedenen Rechnertypen.

Sie können den Grundaufbau einer EDV-Anlage beschreiben.

Sie sind in der Lage, die Hardware eines EDV-Systems mit Zentraleinheit und peripheren Geräten zu beschreiben.

Die Gesamtheit der technischen Einrichtungen nennt man Hardware. Die Hardware teilt sich auf in die **Zentraleinheit** – dort erfolgt die eigentliche Verarbeitung der Daten – und die **Peripherie,** die alle weiteren Geräteeinheiten zur Daten-Ein- und -Ausgabe, zur Datenübertragung und zur Datenspeicherung umfaßt.

Hardware stellt also die materielle Ware dar. Um dem DV-Anwender die Nutzung dieser Hardware zu ermöglichen, sind Arbeitsvorschriften – Programme – zur Steuerung derselben notwendig. Die Gesamtheit aller zur Nutzung einer DVA vorhandenen Programme bezeichnet man als **Software.**

Software stellt die immaterielle Ware dar. Sie teilt sich auf in die **Anwendungs-Software** und die **System-Software.** Als System-Software oder **Betriebssystem** bezeichnet man die Summe aller Systemprogramme. Mit ihrer Hilfe kontrolliert der Computer seine Gerätekomponenten selbst und koordiniert sie (**Steuerprogramme**). Zudem lassen sich damit viele Aufgaben mit stark reduziertem Eigen-Programmieraufwand lösen und das Arbeiten mit den verschiedenen Geräten wird unterstützt (**Arbeitsprogramme** oder **Dienstprogramme**).

Die System-Software ist für den Betrieb einer Datenverarbeitungsanlage unerläßlich, geht aber nicht auf Problemlösungen des Anwenders ein. Dies ist bei der Anwendungs-Software der Fall, die alle die Programme umfaßt, welche dem Anwender Problemlösungen bringen (sogenannte produktive Programme; zum Beispiel Lohnabrechnung, Materialdisposition). Entscheidend für die Möglichkeiten eines Computers beim Anwender und somit von ihm mit besonderer Sorgfalt zu beachten – ist die **Anwendersoftware.**

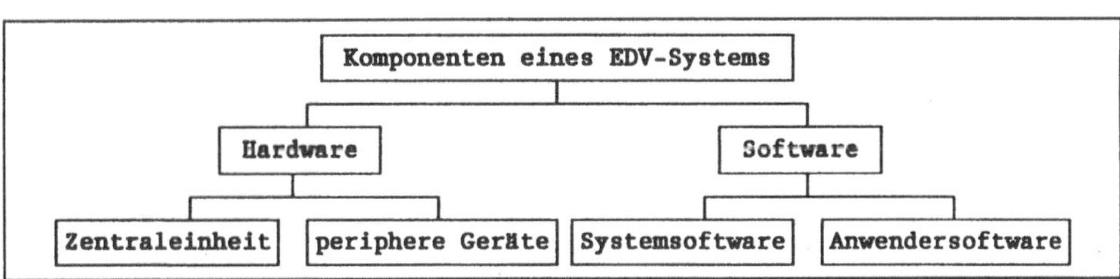

Abbildung 5: Komponenten eines EDV-Systems

Um die Leistungen eines EDVS optimal nutzen zu können, müssen personelle und organisatorische Zwischenstellen die Verbindung zwischen Anwender und Computer herstellen. Man benötigt zum einen personelles Potential in Form von eigenen oder fremden DV-Spezialisten, mit **Manware** bezeichnet, und zum anderen **Orgware,** das sind Methoden der EDV-Organisation (zum Beispiel zur Systemanalyse, Dokumentation und Programmierunterstützung). Für Manware und Orgware zusammen hat sich der Begriff **Brainware** gebildet, der damit letztlich die Notwendigkeit geistigen Potentials umschreibt.

Neben Hard-, Soft- und Brainware wird als weitere Komponente zuweilen die **Firmware** genannt. Sie wird vom Hersteller geliefert und nimmt insofern eine Zwischenstufe zwischen Hard- und Software ein, da man darunter Steuerprogramme in Hardware-Form versteht. Die Bestandteile der Firmware besitzen also die Funktion von Steuerprogrammen, werden aber hardwaremäßig realisiert. Die Bedeutung der Firmware für den Anwender liegt darin, daß der Computer zusätzliche Fähigkeiten erhält, die sich durch ein äußerst günstiges Preis-Leistungs-verhältnis auszeichnen, die also auf andere Art und Weise nicht so preiswert zu verwirklichen wären.

2.2 Grundaufbau einer Datenverarbeitungsanlage

Der Grundaufbau einer Datenverarbeitungsanlage läßt sich anschaulich in Analogie zu einem „menschlichen Rechner" darstellen, also zum Beispiel analog zu einem Sachbearbeiter, der unter Verwendung gewisser Hilfsmittel nach Maßgabe einer Arbeitsanweisung seine Arbeit ausführt.

In einer ersten Stufe werden Arbeitsanweisung und zu verarbeitende Daten (**Eingabedaten**) dem Menschen mitgeteilt.

In einer zweiten Stufe führt der Mensch dann auf Grund der Arbeitsanweisung die eigentliche **Verarbeitung** der Daten mit Hilfe zum Beispiel einer Rechenmaschine und eines Notizblockes (zum Aufnotieren der Zwischenergebnisse) durch. Dabei greift er unter Umständen auf weitere Daten zurück (gespeicherte Daten), die in Karteien abgelegt sind. Bei Unklarheiten hält er Rücksprache zum Beispiel mit Kollegen. Ist er für die Verarbeitung nicht kompetent oder ist er zeitlich dazu nicht in der Lage, so wird eine andere Stelle mit der Verarbeitung beauftragt.

In einer dritten und letzten Stufe schreibt der Mensch die Ergebnisse der Verarbeitung (**Ausgabedaten**) auf ein Ergebnisformular (zum Beispiel Rechnungsformular, Gehaltszettel), um sie an die interessierten Stellen weiterleiten zu können.

Schematisch ergibt sich damit der in Abbildung 6 dargelegte Funktionszusammenhang. Mit dem Menschen im Mittelpunkt wird durch die Pfeile, die den Fluß der Daten angeben, die Arbeit mit den verschiedenen Hilfsmitteln – wobei auch die durch Anführungszeichen gekennzeichneten Fähigkeiten als Hilfsmittel angesehen werden – dargestellt.

Der Mensch ist hierbei ein reiner Befehlsempfänger und hat lediglich dafür zu sorgen, daß die Vorschriften der Arbeitsanweisung korrekt ausgeführt werden.

Er steuert nur den Einsatz der verschiedenen Hilfsmittel. Er muß lesen und schreiben können, doch wird eine eigene Denk- und Rechentätigkeit nicht von ihm verlangt.

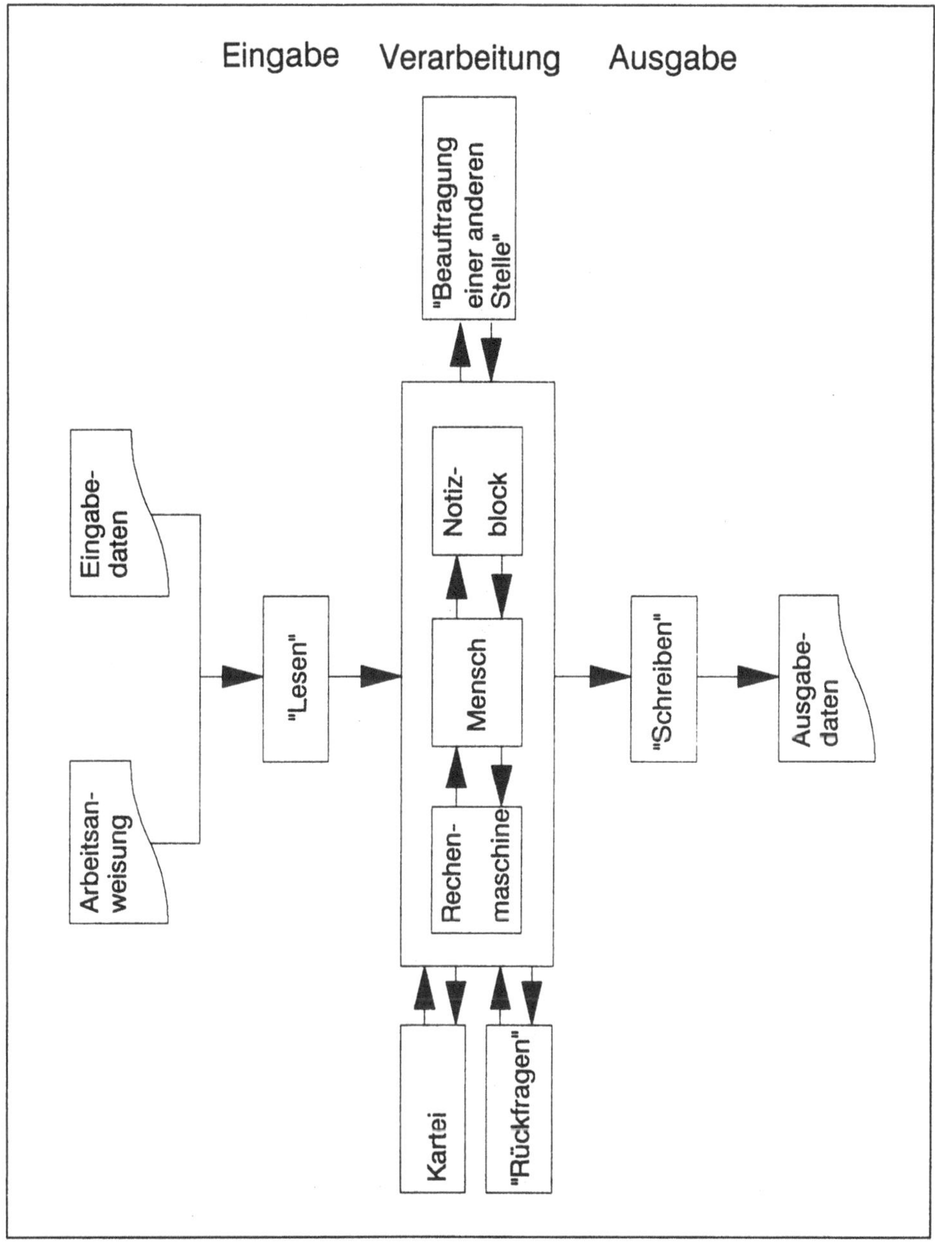

Abbildung 6: Der „menschliche Rechner“

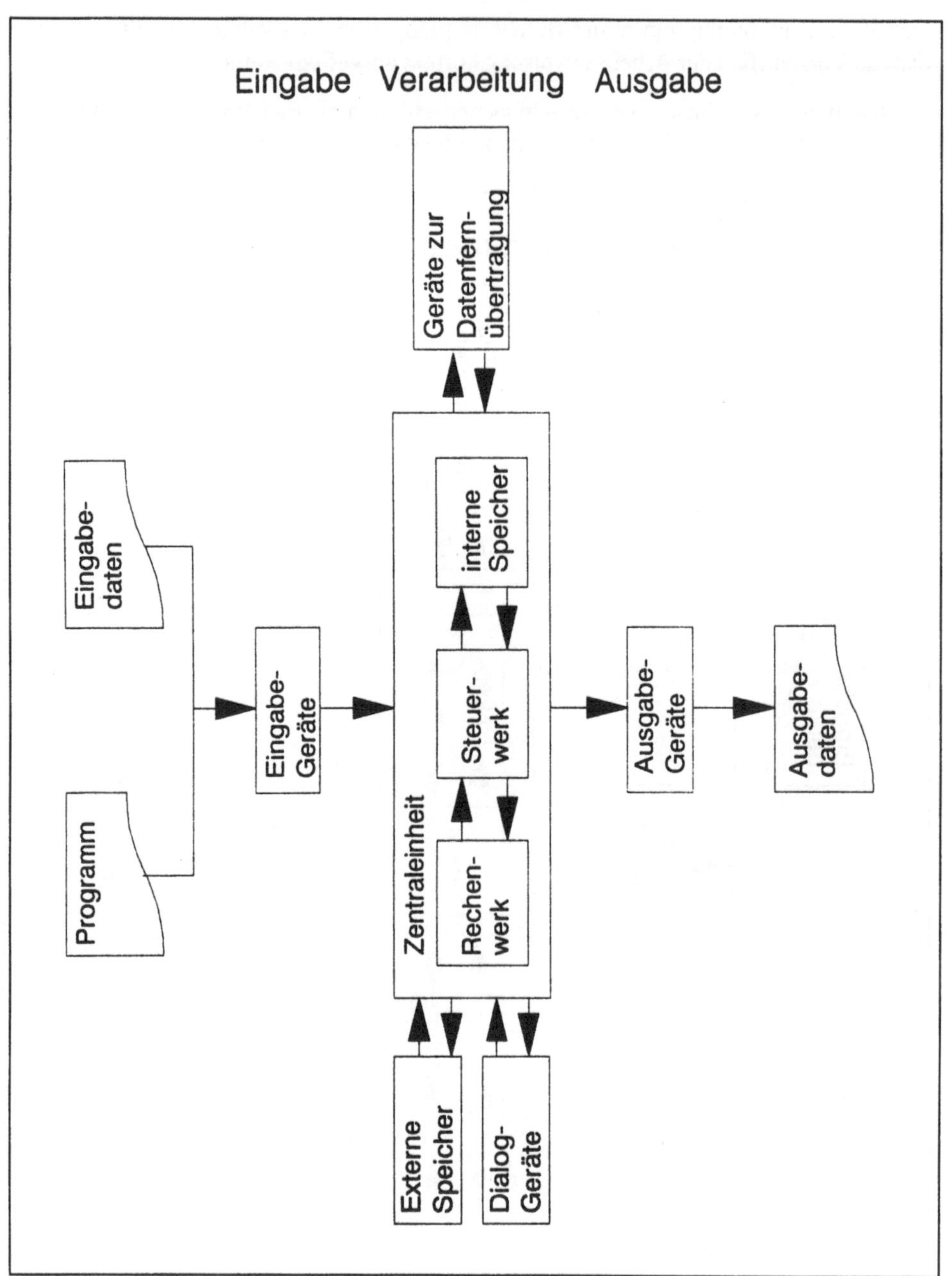

Abbildung 7: Grundaufbau einer Datenverarbeitungsanlage

Wird die steuernde Eigenschaft des Menschen durch eine Maschine ersetzt – wobei dann auch die Lese-, Schreib- und Kommunikationsfähigkeit des Menschen technisch realisiert werden muß – erhält man den Grundaufbau einer Datenverarbeitungsanlage. Auch hier zeigt sich das Grundprinzip der **Eingabe – Verarbeitung – Ausgabe.**

2.3 Hardware

Die folgende Darstellung orientiert sich am Mikrocomputer. Hier ist der interne Aufbau übersichtlich und in den wesentlichen Funktionen vergleichbar mit Mini- und Großcomputern. Hinzu kommt, daß der Mikrocomputer als Personal Computer sehr große Verbreitung gefunden hat und viele Leser bereits mit ihm konfrontiert wurden.

Da ein Computer ohne Eingabe-Geräte, Zentraleinheit und Ausgabe-Geräte nicht funktionsfähig ist, bezeichnet man diese Bausteine auch als **Grundbausteine** einer Datenverarbeitungsanlage. Externe Speicher, Dialog-Geräte sind wohl in den meisten und Geräte zur Datenfernübertragung in sehr vielen Rechenzentren vorhanden, doch sind sie im Gegensatz zu den Grundbausteinen für das prinzipielle Funktionieren eines Computers nicht unbedingt erforderlich.

Die Zusammenstellung von Hardware zu einer EDV-Anlage nennt man **Konfiguration.** Eine praxisgerechte Mindestkonfiguration (Abbildung 8) erfordert neben einem Eingabegerät (zum Beispiel Tastatur), der Zentraleinheit und einem Ausgabegerät (Bildschirm) zusätzliche Geräte. Große Datenbestände bewahrt man auf magnetischen Datenträgern auf, von denen die Daten von der EDVA jederzeit schnell wieder abgelesen, man sagt „eingelesen" (von **ein**geben und **lesen**), werden können. Solche Datenträger funktionieren ähnlich wie eine Musikkassette oder eine Scheckkarte. Durch Magnetisierung mittels unterschiedlicher elektrischer Impulse schreibt eine elektronische Einrichtung Daten in Spuren. Dieselbe Einrichtung kann die Daten auch wieder ablesen, indem sie die geschriebenen Magnetfelder in elektrische Impulse rückübersetzt.

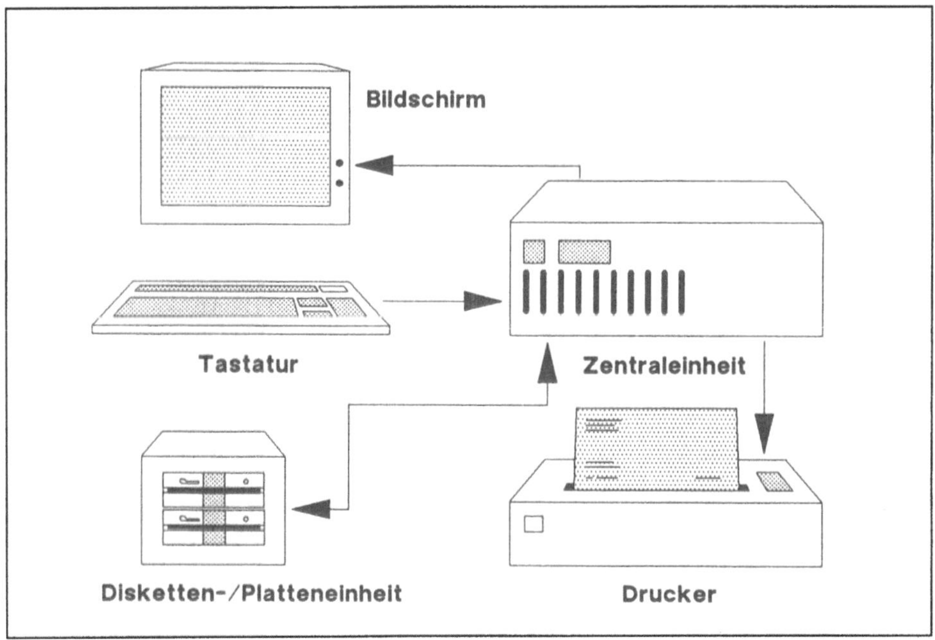

Abbildung 8: Mindestkonfiguration für professionelle Anwendungen

2.3.1 Zentraleinheit

Die Zentraleinheit führt die eigentlichen Verarbeitungsvorgänge – also die arithmetischen und logischen Operationen – durch. Sie besteht aus den Baugruppen **Prozessor, Hauptspeicher, Ein-/Ausgabewerke** und **Bussystem.** Diese Teile der Zentraleinheit sind hinsichtlich Leistungsfähigkeit, Kapazität und Geschwindigkeit eng aufeinander abgestimmt.

Außerdem wird von der Zentraleinheit die schrittweise Verarbeitung der Daten und deren Fluß zu und von den Peripherie-Geräten gesteuert. Die Bezeichnung Peripherie kennzeichnet den Sammelbegriff für alle die Geräte außerhalb der Zentraleinheit, die an die Zentraleinheit angeschlossen und an der automatisierten Verarbeitung der Daten beteiligt sind.

2.3.1.1 Prozessor

Der Prozessor besteht funktional aus **Rechenwerk** und **Steuerwerk**. Das Rechenwerk (engl. arithmetic logic unit oder ALU) führt Berechnungen aus. Insofern gleicht seine Funktion ein wenig dem Taschenrechner. Es wird aber auch gebraucht, um zu runden oder zwei Werte zu vergleichen.

Nehmen wir an, eine Rechnung ist zu schreiben. Dann erledigt das **Rechenwerk** alle notwendigen Additionen, Subtraktionen, Multiplikationen und Divisionen. Falls der Kunde ab einem bestimmten Warenwert Rabatt erhalten soll, muß verglichen werden, ob der errechnete Warenwert den rabattfähigen Betrag erreicht oder überschritten hat. Auch diesen Vergleich stellt das Rechenwerk an.

Das **Steuerwerk** (Leitwerk, engl. control unit) regelt und überwacht alle Vorgänge in einer Zentraleinheit. Ob gerechnet, verglichen, ausgegeben oder gespeichert werden soll, all das veranlaßt das Steuerwerk. Obwohl das Steuerwerk alle Prozesse leitet, ist es ein unselbständiges Maschinenteil. Das Steuerwerk reagiert lediglich auf ein **Programm,** das zuvor in den Hauptspeicher geladen wurde. Das Programm bildet die **Arbeitsvorschrift** für das Steuerwerk. Es liest diese Arbeitsvorschrift jedesmal, bevor es einen weiteren Arbeitsschritt unternimmt. Ohne Arbeitsvorschrift, das heißt ohne Programm, ist das Steuerwerk nicht in der Lage, einen Arbeitsschritt zu tun. Der Prozessor steuert die Funktionen einer EDVA nach vorgegebenen Programmen und führt Berechnungen sowie Vergleiche durch.

2.3.1.2 Zentralspeicher

Der **Zentralspeicher** hält alle Daten bereit, die im Augenblick ihrer Verarbeitung gebraucht werden, die gerade eingegeben wurden oder ausgegeben werden sollen. Auch die dazu notwendigen Programme müssen im Zentralspeicher liegen, um für das Steuerwerk jederzeit verfügbar zu sein. Beim Zentralspeicher drängt sich der Vergleich zum menschlichen Gedächtnis auf. Alle Informationen, die der Mensch für seine Arbeit braucht, muß er sich beschaffen und zunächst in seinem Gedächtnis speichern. Im Englischen heißt

Zentralspeicher infolgedessen auch „memory". Doch die Funktionsweisen von Zentralspeicher und Gedächtnis unterscheiden sich beträchtlich.

Der Zentralspeicher wird auch **interner** Speicher genannt, weil er seinen Platz in der Zentraleinheit hat. Disketten, Magnetplatten, Magnetbänder und andere Speichermedien faßt man unter dem Begriff **externe** Speicher zusammen. Der größte Teil des Zentralspeichers ist als sogenannter **RAM**[1] angelegt. Ein RAM ist in der Lage, Daten auf beliebigen (wahlfreien) Stellen zu speichern. Danach können diese Daten jederzeit gelesen oder durch Überschreiben wieder gelöscht werden. Der RAM läßt sich vereinfacht mit dem menschlichen Kurzzeitgedächtnis vergleichen. Das Kurzzeitgedächtnis muß immer neue Eindrücke aufnehmen. Um eine Arbeit zu erledigen, ruft man sich Daten und Vorgehensweisen ins Kurzzeitgedächtnis zurück. Ist die Arbeit getan, treten neue Informationen an ihre Stelle.

Programme und Daten stehen während der Verarbeitung im RAM. Man bezeichnet ihn auch als **Schreib-/Lesespeicher** oder, weil der Benutzer diesen Speicher als seinen **Arbeitsbereich** benutzt, als Arbeitsspeicher. Wird der Strom abgeschaltet, verschwinden die Informationen im Arbeitsspeicher. Aus diesem Grund speichert man die Daten im Arbeitsspeicher vorher auf externen Datenträgern (Diskette, Magnetplatte, Magnetband).

Ein weiterer Teil des Zentralspeichers ist der **ROM**[2]. Im Gegensatz zum RAM ist der ROM ein Nur-Lese-Speicher. ROM's sind integrierte Schaltkreise (IC), die ihre Information dauerhaft speichern. Einige wenige Programme braucht der Prozessor direkt nach dem Einschalten, um die EDVA für die beginnende Arbeit bereitzumachen. Weil es sich dabei immer um die gleichen Programme handelt, speichert man solche und andere stets gleichbleibende Programme herstellerseitig **fest** in einen ROM ein. Darum ist auch der Begriff **Festspeicher** geläufig.

Es ist nicht möglich, in einen Festspeicher Daten zu schreiben. Der Inhalt eines Festspeichers bleibt unabhängig von der gerade laufenden Verarbeitung immer gleich. Der Inhalt des Festspeichers kann in seiner Funktion mit den Programmen des menschlichen Kleinhirns verglichen werden. Mit den wichtigsten lebenserhaltenden Programmen für Atmen, Herzschlag, Verdauung und Stoffwechsel kommen wir zur Welt und behalten sie unser Leben lang.

Die Fähigkeit, Daten zu speichern, verdankt der Zentralspeicher einer Vielzahl von Transistoren, die elementare Informationen festhalten können. Je acht Transistoren bilden **einen Speicherplatz** für ein einzelnes Zeichen (Ziffern, Buchstaben, Sonderzeichen). Jeder Speicherplatz ist von 0 bis N durchnumeriert, wie zum Beispiel die Postfächer in einem Postamt oder die Häuser einer Straße. Deshalb spricht man auch von Adressen bzw. **Hauptspeicheradressen.**

---

1 Random Acess Memory, das heißt Speicher für wahlfreien Zugriff

2 Read Only Memory, das heißt Lesespeicher

Beispiel: Am Beginn des Hauptspeichers soll der Name KATJA gespeichert werden. Nach dem Speichervorgang ergibt sich folgender Zustand.

Speicherplätze:	K	A	T	J	A										
Speicheradressen:	0	1	2	3	4	5	6	7	8	9	.	.	.	.	.

Soll der Computer diesen Vornamen benutzen, etwa zum Drucken einer Postanschrift, so muß der Prozessor durch Anweisungen eines Programms erfahren, auf welchen Speicheradressen die Buchstaben stehen, damit er sie an den Drucker weitergeben kann. Bevor eine zweite Anschrift gedruckt werden kann, ist der gespeicherte Vorname durch den Vornamen aus der zweiten Anschrift zu ersetzen. Der Prozessor überschreibt dann die Speicherstellen.

Speicherplätze:	M	A	R	G	A	R	E	T	E						
Speicheradressen:	0	1	2	3	4	5	6	7	8	9	.	.	.	.	.

Zentralspeicher moderner Kleinrechner können heute bereits bis zu mehreren Millionen Zeichen aufnehmen. Bei Großanlagen sind es unter Umständen Milliarden. Der Zentralspeicher hält Programme und Daten für die aktuellen Verarbeitungsprozesse bereit.

2.3.1.3 Ein-/Ausgabewerke

Ein-/Ausgabewerke sind Funktionseinheiten, die das Übertragen von Daten aus Eingabegeräten und externen Speichern in den Zentralspeicher oder vom Zentralspeicher auf Ausgabegeräte und externe Speicher steuern.

Ein-/Ausgabewerke bilden Bindeglieder zwischen externen Einheiten und dem Zentralspeicher. Jedes an einen Computer angeschlossene Gerät braucht ein entsprechendes E/A-Werk. Beispiele für E/A-Werke in Mikrocomputern sind der **Videocontroller** (für die Bildschirmsteuerung), das **Druckerinterface** und der **Plattencontroller.** Der Videocontroller sorgt dafür, daß auszugebende Daten in Form von Zeichen auf dem Bildschirm sichtbar werden. Das Druckerinterface bereitet die Daten für den Drucker auf und der Plattencontroller steuert Disketten- und Festplattenlaufwerke an.

2.3.1.4 Bussystem

Das **Bussystem** (Abbildung 9) ist das Nervensystem einer EDVA. Alle Funktionseinheiten der Zentraleinheit tauschen über das Bussystem Informationen miteinander aus. Busse sind elektrische Leitungen, die Adressen, Steuerimpulse und Daten transportieren.

Über den **Adreßbus** wählt der Prozessor aus, von oder zu welcher Speicherstelle oder Einheit des Systems eine Datenübertragung erfolgen soll. Mit dem Steuerbus teilt der

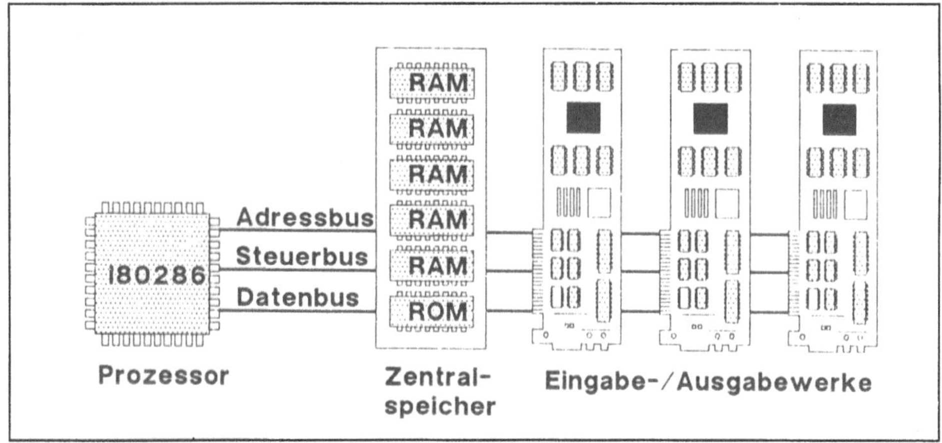

Abbildung 9: Die Busse der Zentraleinheit verbinden die Funktionseinheiten

Prozessor der Einheit mit, ob er in sie schreiben oder aus ihr lesen möchte. Auf dem Wege über den Datenbus fließen dann die Daten vom Prozessor zur entsprechenden Einheit (Schreiben) oder von dieser zum Prozessor (Lesen).

Beispiel:

Der Prozessor liest einen Befehl aus dem RAM:

1. Der Prozessor schaltet den Steuerbus auf „Lesen".
2. Der Prozessor schickt die RAM-Adresse, auf welcher der nächste Befehl liegt, über den Adressbus ab.
3. Der RAM überträgt diesen Befehl über den Datenbus an den Prozessor.

Busse sind elektrische Leitungen für die Übertragung von Daten, Adressen und Steuerinformationen zwischen Einheiten. Die Funktionseinheiten der Zentraleinheit tauschen Informationen nur über Busse aus.

2.3.2 Periphere Einheiten

Um zu kommunizieren und um Daten langfristig zu speichern, braucht die Zentraleinheit **Eingabe-**, **Ausgabe-** und **Speichergeräte.** Aus diesen Geräten besteht die Umgebung einer Zentraleinheit, die **„Peripherie"**. Die Peripherie ist mit der Zentraleinheit durch Datenleitungen **„online"** geschaltet, das heißt während der Verarbeitung dauernd verbunden.

Die Peripherie einer EDVA ist hinsichtlich Art und Anzahl der Geräte variabel und wird immer den Erfordernissen ihres Betreibers angepaßt. Zusammen mit der Zentraleinheit bildet die Peripherie eine Konfiguration, eine spezifische Hardwarezusammenstellung.

2.3.2.1 Eingabegeräte

Daten können erst dann zur Verarbeitung kommen, wenn sie im Arbeitsspeicher stehen. Dorthin gelangen sie durch Geräte, die in der Lage sind, Daten über eine Tastatur aufzunehmen oder auf andere Weise einzulesen. Eingabegeräte halten Daten nicht selbst fest, sie geben sie sofort an die Zentraleinheit weiter.

Neben der am häufigsten gebrauchten **Tastatur** sind heute Eingabegeräte für die unterschiedlichsten Einsatzgebiete in Gebrauch. Während man früher Daten fast ausschließlich mit **Lochkartenlesern** eingeben mußte, hat man nun **Belegleser,** die Markierungen, Maschinenschrift und Handschrift erkennen. **Scanner** übertragen Bilder und Graphiken an die Zentraleinheit. **Strichcodeleser** sind im Handel, **Magnetstreifenleser** an den Nachtkassen der Banken zu finden. Neuerdings macht die Entwicklung der **Spracheingabegeräte** große Fortschritte.

2.3.2.2 Ausgabegeräte

Um Daten nach ihrer Verarbeitung wahrnehmbar zu machen, benutzt man **Ausgabegeräte.** Datenausgabe kann auf einem Bildschirm, auf Papier oder durch einen Lautsprecher erfolgen. Als gebräuchlichste Ausgabegeräte kennt man **Bildschirm** und **Drucker. Plotter** zeichnen Graphiken, und **Mikrofilmausgabegeräte** lagern Daten auf Mikrofilm ab.

2.3.2.3 Dialoggeräte

Dialoggeräte bestehen heute in der Regel aus Tastatur und Bildschirm (**Datensichtgerät,** Bildschirmterminal). Dies sind Einheiten, die dem Benutzer die Möglichkeit bieten, einen Dialog mit der Zentraleinheit einer EDVA zu führen. Einfache Dialoggeräte besitzen weder Prozessor noch Arbeitsspeicher wie ein Mikrocomputer, obwohl sie diesem oft sehr ähnlich sehen. Ihre Funktion ist es, Daten ein- und auszugeben. In einer Einheit vereinigen sie Ein- und Ausgabegerät.

Bei mittleren und großen EDVA kommen Dialoggeräte zum Einsatz. In diesen Fällen steht die Zentraleinheit meist in einem Rechenzentrum. Die Dialogstationen stehen verstreut an verschiedenen Orten. Über Leitungen werden die Daten zum bzw. vom Rechenzentrum übertragen.

2.3.2.4 Speichergeräte

Programme und die Ergebnisse der Datenverarbeitung müssen dauerhaft aufbewahrt werden, um sie bei Bedarf jederzeit wieder nutzbar machen zu können. Speichereinheiten bringen aus dem Arbeitsspeicher stammende Daten auf **Datenträger** (Schreiben, Ausgabe) und leiten sie bei Bedarf wieder an den Arbeitsspeicher zurück (Lesen, Eingabe).

Heute gängige Datenträger sind **Magnetbänder, Magnetplatten, Disketten, Bildplatten.**

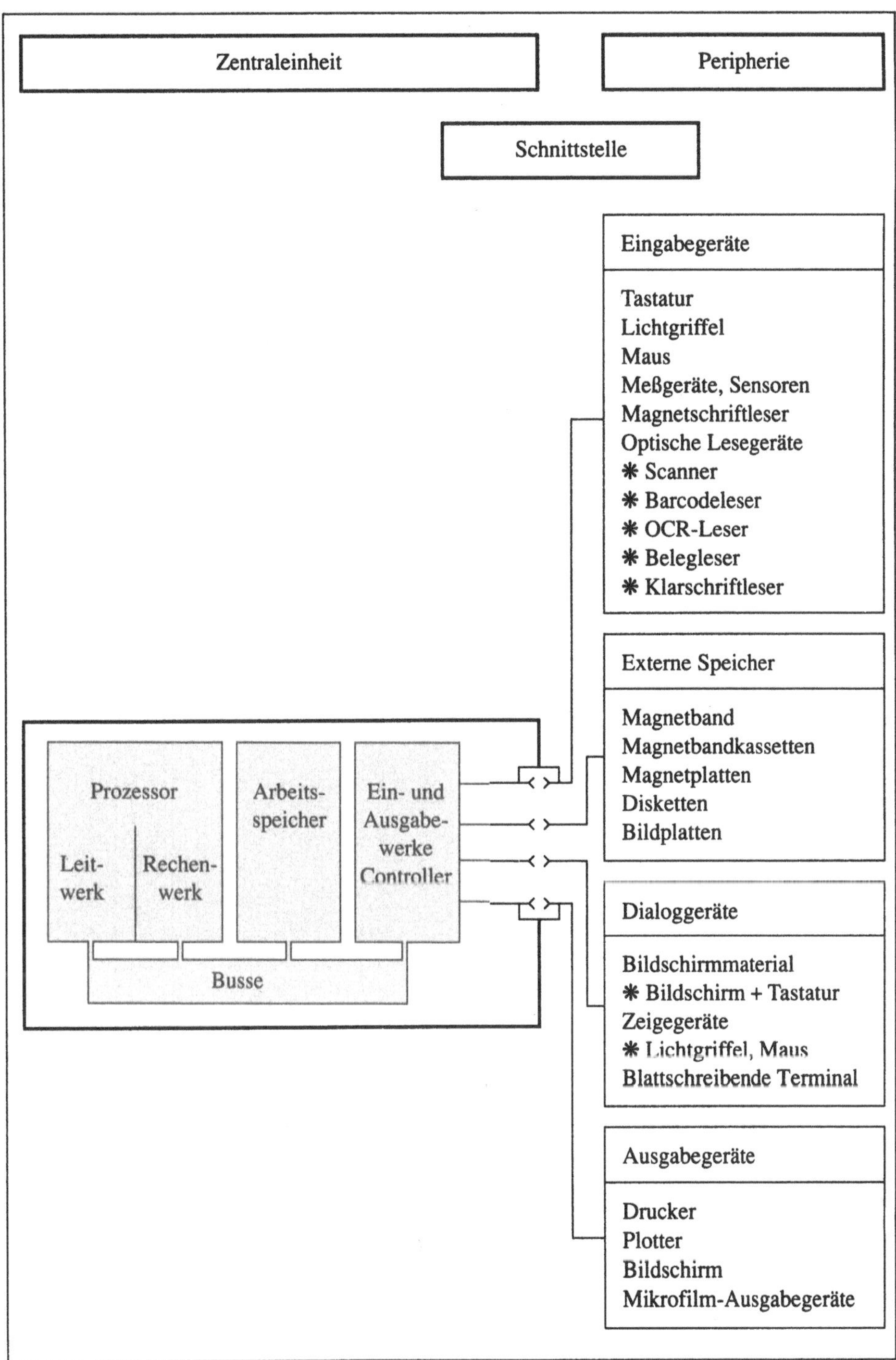

Abbildung 10: Zentraleinheit und periphere Geräte

Aufgaben zur Selbstüberprüfung:

10. Welches sind die Grundbausteine eines EDVS?
11. Beschreiben Sie die Mindestkonfiguration einer PC-Anlage für professionelle Anwendungen!
12. Aus welchen Baugruppen besteht die Zentraleinheit?
13. Beschreiben Sie die Aufgaben von Steuerwerk und Rechenwerk!
14. Beschreiben Sie den Unterschied zwischen RAM und ROM!
15. Beschreiben Sie die Aufgabe der Ein-Ausgabe-Werke!
16. Welche Aufgaben hat das Bussystem?
17. Geben Sie Beispiele für periphere Eingabe-, Ausgabe-, Dialog- und Speichergeräte.

3. Computerarten

Lernziele:

Sie kennen die Begriffe, Abgrenzungen und wichtigsten Einsatzgebiete der verschiedenen Computerarten.

3.1 Digital-Rechner, Analog-Rechner, Hybrid-Rechner

Die **digitale** Datenverarbeitung benutzt den Begriff Daten für Informationen, die in Form von Zeichen darstellbar werden. Zeichen sind Ziffern (0-9), Buchstaben (A bis Z) und Sonderzeichen („.!?&"=+–% usw.).

Unter der digitalen Darstellung von Daten versteht man den Aufbau der Daten aus einzelnen Zeichen.

Für den kommerziellen Bereich erscheint dies trivial, da eine andere als aus einzelnen Zeichen aufgebaute Darstellung von Größen nicht denkbar ist.

Im technischen Bereich sind jedoch auch **Analog-Rechner** denkbar. Analog-Rechner arbeiten mit einer analogen Darstellung der Daten. Bei der analogen Darstellung von Daten werden darzustellende Werte „analog" zur physikalischen Größe (Spannung, Strom, Winkeldrehung usw.) angegeben. Die Größen können sich dabei kontinuierlich ändern. Beispiele hierfür sind der Tachometer, der die Geschwindigkeit analog darstellt oder die Erfassung von Meßwerten (zum Beispiel Temperatur, Höhe). Da analoge Datenverarbeitungsanlagen heute keine praktische Bedeutung mehr haben, werden analoge Daten für ihre Verarbeitung digitalisiert, das heißt in Form von Zahlen dargestellt.

Unter analoger Darstellung von Daten versteht man die physikalische Größenangabe, die sich kontinuierlich ändern kann.

Wird vom Computer gesprochen, so meint man damit zunächst den sowohl für kommerzielle als auch für technische Zwecke universell einzusetzenden Digital-Rechner. Die digitale Rechenanlage arbeitet mit einer digitalen Darstellung der Daten.

Da sowohl die analoge als auch die digitale Arbeitsweise Vorteile hat, findet man beide im Hybrid-Rechner vereinigt.

Der Hybrid-Rechner stellt eine Verbindung von Digital- und Analog-Rechner dar.

Er verbindet damit die Vorteile des Analog-Rechners (einfache Darstellung komplizierter mathematischer Zusammenhänge) mit denen des Digital-Rechners (große Genauigkeit, digitale Ein- und Ausgabe). Hybrid-Rechner bieten größere Arbeitsmöglichkeiten als reine Analog-Rechner und werden zum Beispiel eingesetzt für die Echtzeitsimulierung. Darunter versteht man die zeitgleiche Nachahmung eines Systems an Hand eines mathematischen Modells, zum Beispiel bei Bordnavigationsgeräten in Flugzeugen oder bei der Prozeßregelung in der chemischen Industrie.

3.2 Rechnertypen: Mikro-, Mini-, Groß- und Superrechner

Die Kategorisierung der Rechnertypen ist sehr problematisch. Kriterien sind zwangsläufig technische Merkmale der einzelnen Komponenten. Die Abgrenzungen zwischen den Größenklassen sind jedoch fließend. Schon Mikrorechner besitzen heute eine Mächtigkeit, die vor einigen Jahren nur mit Großrechnern zu realisieren war. Auch die Bezeichnung der Rechnertypen ist nicht standardisiert. Man kann aber folgende Gruppen bilden, wobei die Einordnung nach der Leistung erfolgt:

- Mikrorechner,
- Minirechner,
- Großrechner,
- Superrechner.

Bei aller Problematik soll Tabelle 1 etwas die Orientierung erleichtern.

Tabelle 1: Merkmale von Mikro-, Mini-, Groß- und Superrechnern

Merkmal	Mikrorechner micro computer	Minirechner mini computer	Großrechner mainframe computer	Superrechner super computer
Kosten	2.000 bis 20.000	100.000 bis 300.000	500.000 bis 30.000.000	bis zu 50.000.000
Prozessoren	8 bit 16 bzw. 32 bit[1]	16 bis 48 bit	32 bis 48 bit	> 64 bit
Hauptspeicher	640 KB (DOS) bis circa 8 MB	4 bis 32 MB	2 bis 70 MB	16 MB bis zu 2 GB
Typisches Betriebssystem	DOS[2] OS/2[3]	UNIX	IBM MVS	
Einplatz/Mehrplatzsysteme	in der Regel Einplatzsysteme	in der Regel mehrplatzfähig	Mehrplatzsystem	Mehrplatzsystem
Verarbeitungsleistung in MIPS[4]	0,2 – 20	1 – 40	10 – 100	50 = >100

[1] IBM Lieferant ist Intel. Bei Intel Prozessoren für den PC-Markt lassen sich folgende Generationen unterscheiden: 4 Bit Prozessoren (Intel 4000), 8 Bit Prozessoren (Intel 8080), 16 Bit Prozessoren (Intel 80286), 32 Bit Prozessoren (Intel 80386, 80486).

[2] Disk Operating System; Microsoft Corp.

[3] Operating System Version 2; Microsoft Corp.

[4] MIPS = Abkürzung für Millionen Instruktionen Pro Sekunde

Die Welt der Groß-EDV wird mit einem Marktanteil von über 80 Prozent durch IBM geprägt. Der Markt der kleineren Rechner ist dagegen etwas oligopolistischer. Das zeigt sich unter anderem auch daran, daß mit **UNIX** ein herstellerunabhängiges Produkt Marktführer von Betriebssystemen für Mikro-Computer ist. Der Industriestandard bei Mikrorechnern wird durch DOS und mit steigender Tendenz durch OS/2 geprägt. Auch diese Betriebssysteme laufen auf praktisch allen am Markt angebotenen Rechnern.

Aufgaben zur Selbstüberprüfung:

18. Was versteht man unter digitaler bzw. analoger Darstellung von Daten?
19. Welche Rechnertypen können Sie unterscheiden?
20. Nennen Sie Merkmale zur Beurteilung von Rechnertypen!

4. Datenerfassung

Lernziele:

Sie kennen die Bedeutung der Datenerfassung für die Datenverarbeitung sowie die verschiedenen Möglichkeiten der Datenerfassung.

Sie können die Unterschiede zwischen den einzelnen Datenerfassungsverfahren beschreiben.

4.1 Begriff der Datenerfassung

Bevor Daten zur Verarbeitung in den Computer eingegeben werden können, müssen sie in einer für die Eingabe geeigneten Form erfaßt werden.

Datenerfassung ist die Bereitstellung von Daten in maschinell verarbeitbarer Form. Sie ist Voraussetzung für jegliche Art der Datenverarbeitung.

Da oft die Daten zunächst auf irgendwelchen herkömmlichen Belegen (Bestellformular, Stundenzettel, statistischer Erhebungsbogen usw.) – den sogenannten **Urbelegen** – stehen, ist die Datenerfassung häufig gleichzusetzen mit der Umwandlung von Urbelegen in eine **maschinell verarbeitbare Form.**

4.2 Problematik der Datenerfassung

Ein gesamter Datenverarbeitungsprozeß stellt sich als eine Kette dar, bestehend aus:

- Entstehung der Daten,
- Erfassung (inklusive Transport zum Computer) der Daten,
- Verarbeitung (Eingabe –Verarbeitung –Ausgabe) der Daten,
- Auswertung der Daten.

Innerhalb dieser Kette bildet bei der kommerziellen Datenverarbeitung die Datenerfassung den **Engpaß.** Der Grund dafür liegt vor allem darin, daß die Datenerfassung ein arbeitsintensiver und weitgehend manueller Arbeitsgang ist und wohl auch bleiben wird. Im kommerziellen Bereich entstehen die Ursprungsdaten letztlich immer beim Menschen (beim Kunden, beim Vertreter, beim Sachbearbeiter usw.) und werden deshalb nicht – wie es zum Beispiel bei der Prozeßdatenverarbeitung der Fall ist – vollautomatisch erfaßt und an die DVA weitergegeben. Zwischen den vorliegenden Daten und den verarbeitenden Maschinen muß der Mensch eingeschaltet werden.

Das zeitliche Problem ist dadurch gekennzeichnet, daß circa **90 Prozent** des gesamten für die Datenverarbeitung notwendigen **Zeitaufwandes** für die Datenerfassung anzusetzen sind und die eigentliche Verarbeitung im Computer nur zehn Prozent beansprucht (vergleiche Abbildung 11). Die Datenerfassung verursacht einen ganz erheblichen Anteil der

Kosten, die insgesamt für die Datenverarbeitung entstehen. Diese Kosten schwanken je nach Anwendungsgebiet, Organisationsform und Geräteausstattung, man kann aber davon ausgehen, daß **fast 50 Prozent** der insgesamt anfallenden **Kosten** auf die Datenerfassung entfallen. Ein immenser Anteil, wenn man bedenkt, daß an den Gesamtkosten Kostenfaktoren wie Hardware, Software, Versorgung (Raum, Energie, Material), Personal, Datenschutz und -sicherung usw. beteiligt sind.

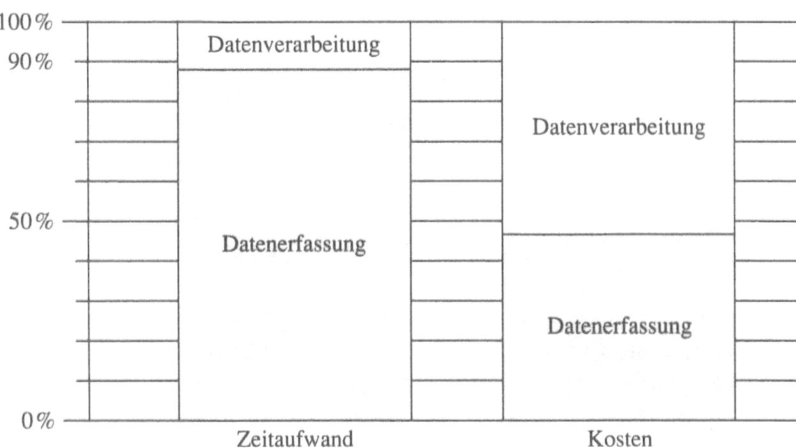

Abbildung 11: Datenerfassung als Zeit- und Kostenfaktor

Neben Zeit- und Kostenfaktor spielt die Datenerfassung aber auch als **Fehlerquelle** eine maßgebende Rolle. Der erfolgreiche Einsatz von Computern steht und fällt mit dem Umfang vorkommender Fehler. Fehler treten praktisch nur bei der Datenerfassung auf. Das bedeutet, daß alle erfaßten Daten auf Richtigkeit geprüft werden sollten, wobei man hier zwischen **peripheren Prüftechniken** und **internen Prüftechniken** unterscheidet. Bei den peripheren Prüftechniken werden fehlerhafte Daten durch zum Beispiel visuelle oder maschinelle Kontrolle vor der Weitergabe an die Datenverarbeitungsanlage kenntlich gemacht. Interne Prüftechniken (zum Beispiel Prüfziffernverfahren, Plausibilitätsprüfung) ermöglichen, durch in die Programme eingebaute Prüfschritte, das Erkennen von fehlerhaften Daten im Computer. Weitere Maßnahmen zur Fehlerverringerung sind unter anderem:

- intensive und regelmäßige Schulung des Personals,
- ständige Kontrollen und Fehlerhinweise,
- Schaffung von Anreizen,
- Schaffung von optimalen Arbeitsbedingungen.

Dazu gehört aber auch, daß unter Umständen neue Formen der Arbeitsorganisation angestrebt werden müssen, um die bei der Datenerfassung üblicherweise vorhandene Monotonie sowie den ständigen Leistungsdruck zu mindern. Mehr und mehr wird die direkte Datenerfassung in der Form eingesetzt, daß die Erfassung der Daten am Ort ihrer Entstehung von dem für die Bearbeitung verantwortlichen Sachbearbeiter on-line erfolgt.

Die Bedeutung der Datenerfassung ist im Laufe der Zeit größer geworden, da die zeitliche Entwicklung bei der Datenerfassung nicht in dem Maße und in der Richtung verlaufen ist wie dies bei der Verarbeitung – also dem Computer – der Fall war. In der Tendenz zeigt sich, daß bei der Verarbeitung die zeitliche Entwicklung einen Rückgang jedes Aufwandes erbracht hat, bei der Datenerfassung dagegen der personelle und zeitliche Aufwand sogar angestiegen ist.

4.3 Phasen der Datenerfassung

Die Datenerfassung gliedert sich in vier Phasen:

- Erkennen,
- Bilden,
- Fixieren,
- Umwandeln.

Selbstverständlich muß in einer ersten Phase das Vorhandensein von Daten, die auf dem Rechner weiterzuverarbeiten sind, festgestellt werden: **Erkennen.** Bei der Auftragsbearbeitung muß zum Beispiel als erstes das Vorhandensein einer Bestellung – hier der Urbeleg – registriert werden.

In der zweiten Phase werden die insgesamt vorhandenen Angaben auf ein für die Verarbeitung notwendiges Mindestmaß von Daten reduziert: **Bilden.** Auf der Bestellung sind zum Beispiel Kundennummer und Kundenadresse sowie Artikelnummern und Artikelbezeichnungen der bestellten Waren angegeben, wobei der Computer davon nur Kundennummer und Artikelnummern benötigt.

In der dritten Phase werden die nun gebildeten Daten festgehalten; sie werden üblicherweise auf einen Erfassungsbeleg geschrieben, oder direkt über eine Tastatur eingegeben: **Fixieren.**

In der vierten und letzten Phase werden die auf dem Erfassungsbeleg fixierten Daten in eine maschinell verarbeitbare Form gebracht: **Umwandeln.**

4.4 Methoden der Datenerfassung

Für die Datenerfassung sind folgende grundsätzliche Möglichkeiten zu unterscheiden:

- direkte Datenerfassung,
- halbdirekte Datenerfassung vom Beleg,
- indirekte Datenerfassung über Datenträger.

Diese Methoden unterscheiden sich in der Phase des Umwandelns und in der Datenweitergabe.

Unter der direkten Datenerfassung versteht man die unmittelbare Eingabe in ein an die Datenverarbeitungsanlage angeschlossenes Eingabegerät.

Die direkte Datenerfassung kann

- automatisch (Meßdaten, Sensoren),
- manuell (Tastatur, Zeigegeräte) oder
- akustisch (Spracheingabegeräte)

erfolgen. Bei der **direkten Datenerfassung** liegen die Daten im Eingabegerät in einer maschinell verarbeitbaren Form vor, werden dort zwischengespeichert und an den Computer zur Verarbeitung weitergegeben. Die Datenweitergabe beinhaltet hier also gleichzeitig die Eingabe. Das Eingabegerät muß mit der DVA verbunden sein, es ist ein sogenanntes **on-line-Gerät.** Aus diesem Grund bezeichnet man die direkte Datenerfassung auch als **on-line-Datenerfassung.**

Ein on-line-Gerät kann nur in Verbindung mit einem Computer betrieben werden.

Am meisten verbreitet ist heute die Dateneingabe über ein Datensichtgerät. Ein solches Gerät besteht aus Bildschirm und Tastatur.

Die direkte Datenerfassung hat den Vorteil, daß die Daten durch die unmittelbare Eingabe in den Computer unmittelbar für die weitere Verarbeitung zur Verfügung stehen. Für die Zeit der Dateneingabe in die DVA ist der Computer oder zumindest der Benutzer, der die Dateneingabe vornimmt, für andere Arbeiten blockiert. Bei der direkten Datenerfassung ist die Zeit der Dateneingabe in den meisten Fällen identisch mit der Zeit des Eintastens über eine Tastatur. Die Eingabegeschwindigkeit des Menschen über eine Tastatur ist aber im Vergleich zur Arbeitsgeschwindigkeit eines Computers äußerst langsam. Ein Nachteil der direkten Datenverarbeitung ist es somit, daß die Arbeitsmöglichkeiten des Computers teilweise blockiert werden und er im Vergleich zu seinen Möglichkeiten unter Umständen nur wenig ausgenutzt werden kann.

Bei vielen Einsatzgebieten – wie zum Beispiel Platzbuchung oder Lagerhaltung – ist **direkte Datenerfassung** notwendig. Doch gibt es auch viele Bereiche, wo die Daten nach Erscheinen nicht unbedingt sofort verarbeitet werden müssen; zum Beispiel Auftragsabwicklung oder Lohnabrechnung. Dort würde die Tatsache, daß nach jedem Eingang zum Beispiel eines Lohnzettels dessen Daten sofort in den Computer eingetastet und dort wiederum sofort dieser Lohn berechnet und mit Lohnstreifen und Überweisungsbeleg ausgedruckt würde, zu einer äußerst unwirtschaftlichen Datenverarbeitung führen.

Bei der **halbdirekten Datenerfassung** werden maschinell lesbare Primärdatenträger eingesetzt. Bei der Erfassung auf maschinell und visuell lesbare Datenträger fallen Erfassungsbeleg und Datenträger zusammen. Vom Urbeleg aus wird sofort der Datenträger erstellt, dessen Dateninhalt vom Eingabegerät des Computers gelesen werden kann. Man spricht hier auch von der maschinellen Direktlesung oder der Belegverarbeitung.

Barcode und OCR-Etiketten sind im Handel verbreitet, im Bankwesen sind Plastikkarten für Geldautomaten üblich. Für TÜV-Prüfberichte oder Zählerstände werden häufig mit Bleistift markierte Klarschriftbelege auf entsprechenden Formularen als Primärdatenträger verwendet.

Bei halbdirekter Datenerfassung werden maschinenlesbare Primärdatenträger (Belege) zur Dateneingabe verwendet.

Bei der **indirekten Datenerfassung** wird in der Phase des Umwandelns ein Datenträger erstellt. Dies geschieht maschinell über entsprechende Eingabegeräte. Die Daten werden auf Datenträger (Magnetband, Magnetbandkassette, Magnetplatte, Diskette usw.) zwischengespeichert.

Unter der indirekten Datenerfassung versteht man die Erfassung auf einem maschinell lesbaren Datenträger.

Die Datenweitergabe entspricht hier dem Transport der am Ort der Datenerfassung gesammelten Datenträger zum Eingabegerät. Dort wird der Inhalt der Datenträger in die DVA eingegeben. Geräte zur Erstellung von Datenträgern sind mit der DVA nicht direkt verbunden; es sind sogenannte **off-line-Geräte.**

Ein off-line-Gerät kann getrennt von einem Computer betrieben werden.

Die indirekte Datenerfassung hat gegenüber der direkten Datenerfassung den Vorteil, daß die DVA besser ausgenutzt ist, weil für die Zeit der Erfassung der Computer überhaupt nicht beansprucht wird und die anschließende Eingabe mit einer etwa vierhundertmal größeren Geschwindigkeit erfolgt. Die indirekte Datenerfassung bietet außerdem die Möglichkeit der „EDV außer Haus“. Ein Anwender braucht dazu keine eigene DVA; er erstellt lediglich die Datenträger und läßt diese an irgendeiner anderen beliebigen Stelle gegen Bezahlung verarbeiten. Nachteilig bei der indirekten Datenerfassung ist der Zeitverlust. Es gibt bei der indirekten Erfassung eine weitere Unterscheidung:

- Erfassung auf nur maschinell lesbare Datenträger,
- Erfassung auf maschinell und visuell lesbare Datenträger.

In allen Fällen der Erfassung auf nur maschinell lesbare Datenträger ist auch die Erstellung der Datenträger nur maschinell möglich. Die dazu erforderlichen modernen Geräte sind programmierbar und ermöglichen damit Entlastung von immer wiederkehrenden gleichbleibenden Arbeiten sowie zum Beispiel von Eingabekontrollen, Datenprüfung und Ausgabe von Bedienerhinweisen.

Die Belegverarbeitung zeichnet sich neben der Tatsache, daß ein Arbeitsgang bis zum Vorliegen des Datenträgers wegfällt, durch eine große Flexibilität aus. Die Formatgröße der Belege kann zum Beispiel weitgehend frei gestaltet werden. Erklärende Hinweise oder fest vorgegebene Daten lassen sich auf den Belegen eindrucken. Große Vorteile bringt auch die Möglichkeit, diese Datenträger manuell zu bearbeiten (sortieren, überprüfen). Mit der maschinellen Direktlesung hat die Datenerfassung einen großen Schritt nach vorne getan. Sie wird vielfach eingesetzt (statistische Erhebungen, automatische Briefsortieranlagen, Scheck- und Überweisungsdienst usw.), und es müssen ihr in Zukunft immer größere Chancen eingeräumt werden.

Bei den Varianten der indirekten Datenerfassung wird man nach Möglichkeit bestrebt sein, die Übertragung vom Urbeleg zum Erfassungsbeleg dadurch wegfallen zu lassen, daß die erstmalige Erfassung der Daten sofort auf dem Erfassungsbeleg erfolgt (zum Beispiel Verwendung entsprechender Bestellformulare).

Im Zusammenhang mit der indirekten Datenerfassung besteht auch die Möglichkeit, maschinell lesbare Datenträger als Nebenprodukt anderer Verarbeitungsverfahren zu gewinnen. Datenerfassung als Nebenprodukt ohne Datenträger erfolgt auf sehr wirtschaftliche und organisatorisch günstige Weise bei den Kassen-Terminals in Großmärkten, womit dem für die Rechnungsstellung notwendigen Vorgang ohne zusätzlichen Aufwand die Daten auch gleich im Computer für vielfältige Auswertungsmöglichkeiten zur Verfügung stehen.

Tabelle 2: Methoden, Geräte und Datenträger bei der Datenerfassung

Methode	Erfassungsgerät	Datenträger
Indirekte Datenerfassung	Magnetbandgerät Kassettenlaufwerk Diskettenlaufwerk	Magnetband Kassette Diskette
Halbdirekte Datenerfassung	Klarschriftleser Formularleser Handleser Handscanner Scanner Geldautomat	Klarschriftbeleg Formular Beleg z.B. OCR-A Etikett mit Barcode Beleg mit Maschinenschrift Plastikkarte
Direkte Datenerfassung	Meßgerät Tastatur Zeigegeräte Spracheingabe	

Aufgaben zur Selbstüberprüfung:

21. In welchen Phasen läuft der Prozeß der Datenerfassung ab?
22. Warum ist die Datenerfassung der Engpaß innerhalb des Datenverarbeitungsprozesses?
23. Welche Prüftechniken werden bei der Prüfung erfaßter Daten auf Richtigkeit unterschieden und was versteht man darunter?
24. Welche Maßnahmen zur Fehlerverringerung bei der Datenerfassung können Sie unterscheiden?
25. Inwiefern hat die zeitliche Entwicklung das Mißverhältnis zwischen der Datenerfassung und der Datenverarbeitung noch verstärkt?
26. In welche Phasen gliedert sich die Datenerfassung?
27. Was bedeuten die Begriffe „On-line-Gerät" und „Off-line-Gerät"?
28. Welchen Hauptvorteil hat die direkte Datenerfassung? Nennen Sie sinnvolle Einsatzgebiete!
29. Wie erfolgt halbdirekte Datenerfassung?
30. Was versteht man unter „indirekter Datenerfassung"?

5. Datenträger

Lernziele:

Sie kennen die wichtigsten Datenträger, deren Eigenschaften und den grundsätzlichen Aufbau.

Datenträger entstehen als Ergebnis der Datenverarbeitung, wenn die Ergebnisdaten auf einem Medium dauerhaft festgehalten werden. Ein Datenträger ist gleichzeitig ein Speicher für Daten. Datenträger werden aber auch bei der indirekten Datenerfassung verwendet.

Jedes Mittel, auf dem Daten aufgezeichnet werden können, ist ein Datenträger.

In der Datenverarbeitung spielen besonders die **maschinell lesbaren Datenträger** eine Rolle. Bei diesen interessieren Fragen wie Kapazität, Geschwindigkeit, Platzbedarf, mehrmalige Verwendbarkeit usw. Eine Unterteilung der maschinell lesbaren Datenträger wird in

- nur maschinell lesbare Datenträger und
- maschinell und visuell lesbare Datenträger

vorgenommen.

5.1 Nur maschinell lesbare Datenträger

Die nur maschinell lesbaren Datenträger werden differenziert nach Datenträger mit Lochschrift und Datenträger mit Magnetschrift. Zu den Datenträgern mit Lochschrift gehören die Lochkarte und der Lochstreifen. Diese haben für die heutige Datenverarbeitungspraxis nur noch geringe Bedeutung, waren allerdings entscheidend an der Entwicklung der Datenverarbeitung auf den heutigen Stand beteiligt. Sie werden aber aus Gründen des geringen Einsatzes im kommerziellen Bereich nicht weiter erläutert.

Zu den Datenträgern mit Magnetschrift gehören Magnetband, Magnetplatte, Diskette und Bildplatte. Zur Darstellung von Zeichen bei der Magnetschrift dienen entsprechende charakteristische Magnetisierungszustände.

5.1.1 Magnetband

Magnetbänder bestehen aus einer Kunststoff-Folie[1] mit einer einseitig magnetisierbaren Schicht in der Regel aus Chromoxid.

---

1 In der Regel 0,5 Zoll (12,7 mm) und mindestens 730 m Länge

Für die Aufzeichnung der Daten kann man zwei Betriebsarten unterscheiden, das **Start-Stopp-Verfahren**[1] und das **Datenstromverfahren**[2]. Beim Start-Stopp-Verfahren wird blockweise aufgezeichnet. Das Band wird aus ruhender Position auf die Schreib- und Lesegeschwindigkeit beschleunigt, der Datenblock geschrieben/gelesen und danach wieder bis zur Ruheposition abgebremst. Zwischen jedem Datenblock entsteht dadurch ein Zwischenraum, die sogenannte **Kluft.** Auf dem Band werden die Daten in **Spuren** parallel zur Laufrichtung des Bandes geschrieben, dabei bildet eine **Bandsprosse** ein Zeichen. Je nach Aufzeichnungsverfahren sind bei 9-Spuren-Bändern Schreibdichten von 1600 oder 6250 **bpi**[3] üblich. Moderne Bandeinheiten erreichen eine Schreib- und Lesegeschwindigkeit von über einer Million Bytes pro Sekunde.

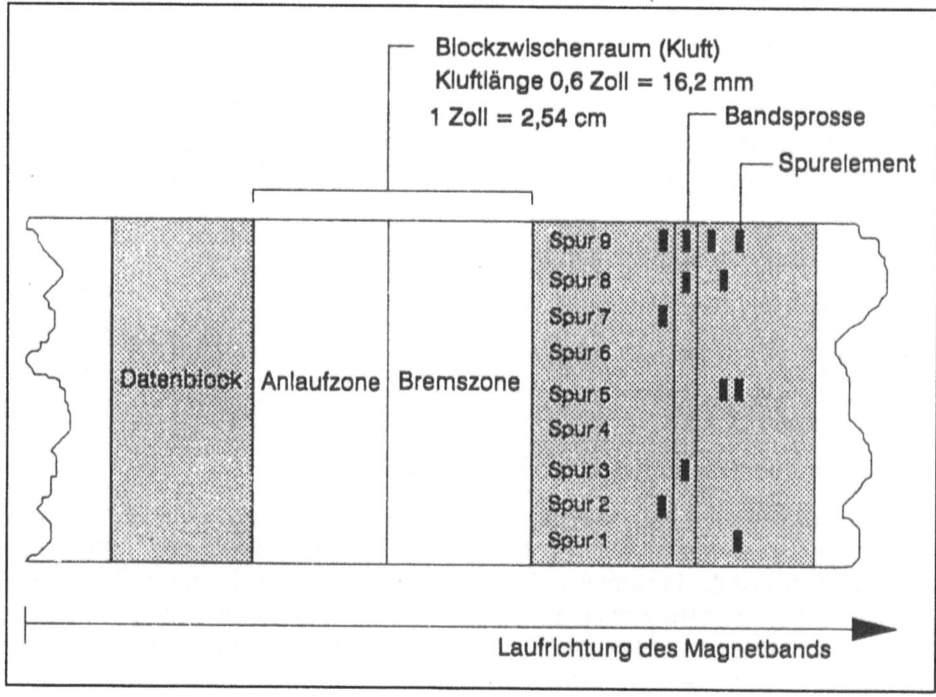

Abbildung 12: Magnetbandaufzeichnung nach dem Start-Stopp-Verfahren

Das Magnetband kann praktisch beliebig oft mit neuen Daten beschrieben werden, was zugleich – wie beim Tonband – ein Löschen der alten Daten bewirkt.

1 Englisch: start/stop mode
2 Englisch: streaming mode
3 bpi = bytes per inch

Ein wesentliches Merkmal der Datenträger mit Magnetschrift ist die Eigenschaft, mehrmals Daten aufnehmen zu können.

Damit nicht unbeabsichtigt ein Band mit wichtigen Daten überschrieben wird, gibt es die Sicherungsmöglichkeit durch einen Schreibring, der in eine Nut der Magnetbandspule eingelegt werden kann. Fehlt dieser Schreibring, so ist der Schreibmechanismus blockiert; die Daten des Bandes können dann nur gelesen werden.

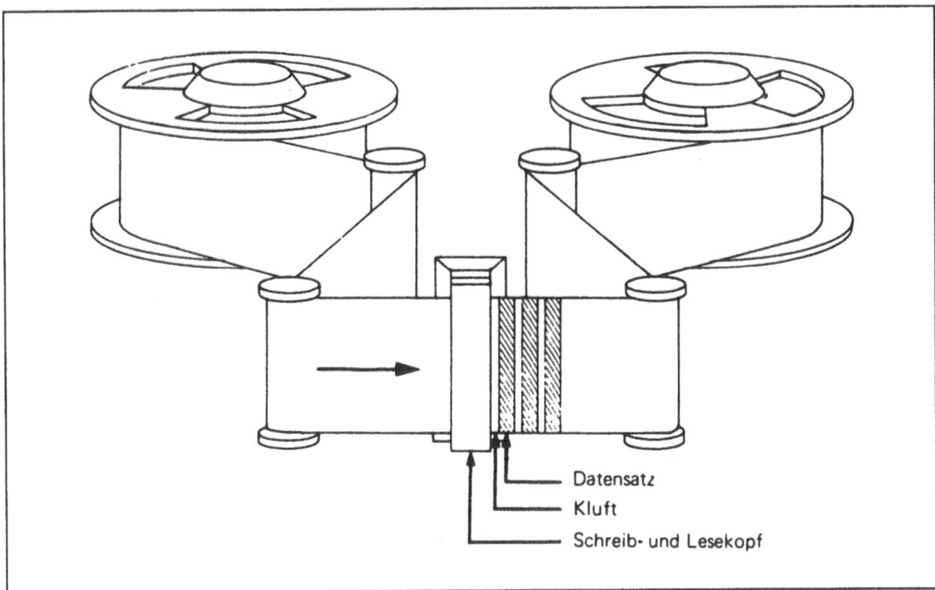

Abbildung 13: Magnetband

Die hohen Kosten der Start-/Stopp-Mechanismen führten zur Entwicklung des Datenstromverfahrens. Dabei läuft das Band ohne Unterbrechung und es wird entweder ohne Blockzwischenräume oder mit Blockzwischenräumen aber ohne zwischenzeitliches Anhalten kontinuierlich auf das Magnetband geschrieben.

Bedingt durch die hohe Zeichendichte sind Magnetbänder relativ empfindlich. Extreme Luftfeuchtigkeitswerte sowie extreme Temperaturen und große Temperaturschwankungen sind ebenso wie starke Magnetfelder zu vermeiden. Magnetbänder sollten möglichst staubfrei gelagert und benutzt werden.

Daten auf einem Band werden nur in der Reihenfolge bearbeitet, in der sie auf dem Magnetband stehen. Man bezeichnet dies als **Reihenfolgezugriff** oder **seriellen Zugriff.** Die Form der Datenspeicherung nennt man **sequentielles Speichern.** Die Daten werden nacheinander abgespeichert und können nur in der gespeicherten Folge verarbeitet werden. Die Beschränkung – keine Datensätze überspringen zu können oder zum vorhergehenden Satz zurückzukehren – führte dazu, daß Magnetbänder nicht mehr für die Verarbeitung, sondern fast nur noch zur Datensicherung verwendet werden. Die weitgehende Umstellung der DV-Anwendungen auf **on-line-Betrieb** begünstigte diese Entwicklung.

5.1.2 Magnetplatte

Der zweite bedeutende und von praktisch keinem Rechenzentrum mehr wegzudenkende Vertreter der Datenträger mit Magnetschrift ist die **Magnetplatte.** Wie alle Datenträger mit Magnetschrift kann auch die Platte Daten mehrmals aufnehmen, indem die alten Daten überschrieben werden. Eine Magnetplatte besteht aus einer kreisrunden Aluminiumscheibe mit einem Durchmesser zwischen 35 und 120 cm, die auf beiden Seiten mit einer magnetisierbaren Schicht überzogen ist. Sie rotiert mit einer konstanten Umdrehungszahl zwischen 2000 und 3600 Umdrehungen pro Minute.

Jede Seite der Platte ist in konzentrische Kreise – sogenannte **Spuren** – unterteilt, auf denen die Zeichen durch Kombination von Magnetisierungszuständen oder Magnetisierungswechseln einzelner kleinster Punkte dargestellt werden. Vom Kreisrand zur Mitte der Platte ergibt sich auf Grund der für alle Spuren gleichen Kapazität eine zunehmende Zeichendichte.

Eine Spur wird in **Sektoren** unterteilt. Sektor ist die kleinste Einheit einer Magnetplatte, auf die zugegriffen werden kann.

5.1.2.1 Magnetplattenstapel

Häufig sind mehrere Platten in gleichen Abständen übereinander zu einem Magnetplattenstapel zusammengefaßt. Sehr verbreitet ist der Aufbau aus sechs Platten und zehn verwendbaren Oberflächen (vgl. Abbildung 16). Die Kapazität solcher Magnetplattenspeicher bewegt sich im GB-Bereich.[1]

Über den sogenannten **Zugriffskamm** des Magnetplattengerätes, der die zu den Schreib-/Lese-Vorgängen auf den einzelnen Oberflächen notwendigen Magnetköpfe gleichzeitig bewegen läßt, können alle Spuren eines Zylinders gleichzeitig gelesen oder beschrieben werden. Zusammengehörige Daten werden deshalb sinnvollerweise nicht auf nebeneinanderliegenden Spuren der gleichen Plattenoberfläche, sondern auf untereinanderliegenden Spuren des gleichen Zylinders untergebracht, wodurch unnötige Bewegungen des Zugriffsarmes vermieden werden. Die Magnetköpfe sind durch ein hauchdünnes Luftpolster von den Magnetschichten getrennt. Dadurch sind Verschleißerscheinungen kaum gegeben; wohl aber besteht die Gefahr von Störungen durch kleinste Schmutzpartikel auf den Magnetschichten.

Die auf der rotierenden Magnetplatte befindlichen Spuren werden mit hoher Geschwindigkeit an den Magnetköpfen vorbeigeführt, die sich zusätzlich quer zur Drehrichtung der Platte über alle Datenspuren hinweg bewegen können. Darauf beruht die Eigenschaft des

1 Zum Beispiel Festplattenspeicher IBM 3380 ≈ 1,26 Mrd. Byte ≈ 1,2 GB

direkten oder **wahlfreien Zugriffs** der Magnetplatte. Auf jede Stelle der Platte kann in der fast gleichen Zeit zugegriffen (gelesen oder geschrieben) werden.

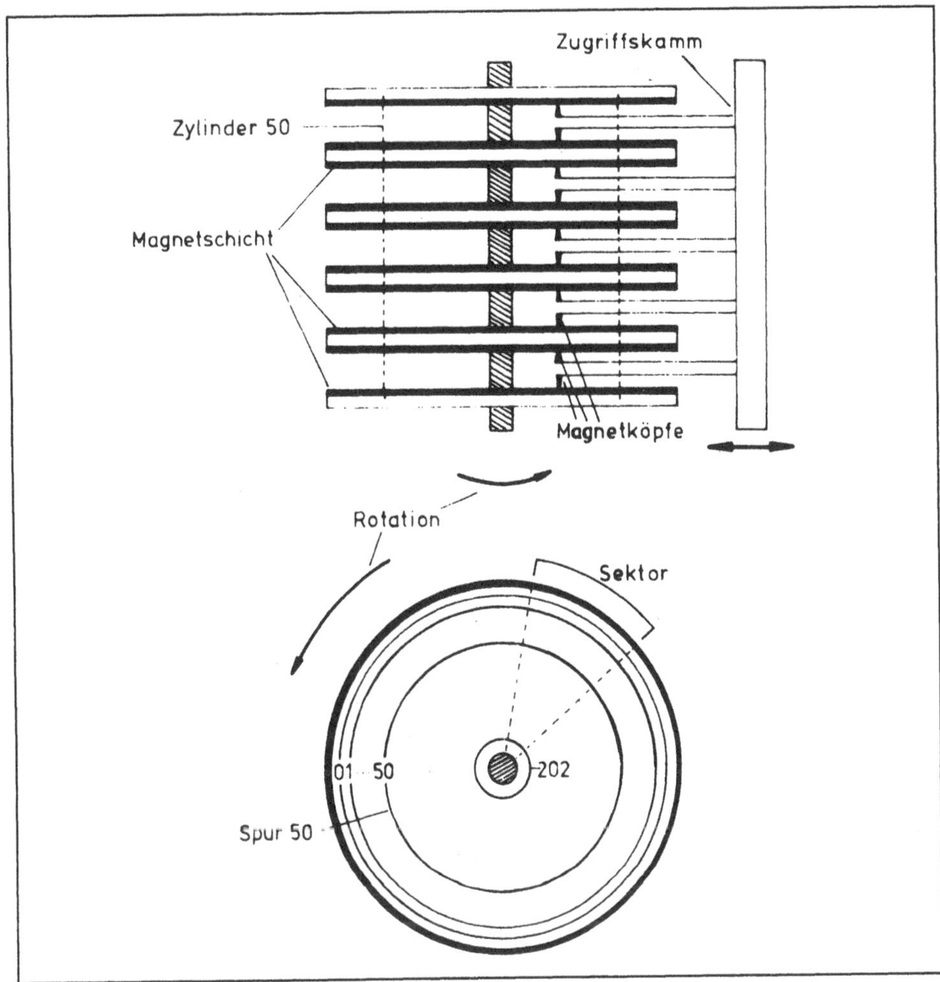

Abbildung 14: Magnetplattenstapel

Im Gegensatz zum Magnetband ist nicht nur das serielle Abarbeiten der Daten möglich, sondern jeder Satz, gleichgültig wo er steht, kann direkt bearbeitet werden. Der direkte Zugriff ermöglicht die kleinen – im Millisekundenbereich liegenden Zugriffszeiten. Die **Zugriffszeit** bei der Platte setzt sich zusammen aus der **Positionierungszeit** – das ist die Zeit, die vergeht, bis der Zugriffskamm sich auf den jeweiligen Zylinder bewegt hat – und der **Drehwartezeit,** der Zeit, die vergeht, bis innerhalb der eingestellten Spur der gewünschte Sektor am Magnetkopf vorbeikommt.

Die Magnetplatte zeichnet sich aus durch große Speicherkapazität, hohe Bearbeitungsgeschwindigkeit und vor allem die direkte Zugriffsmethode. In dieser Zugriffsmethode liegt auch der gravierende Unterschied zum Magnetband. Der Einsatzbereich der Magnetplatte liegt vor allem dort, wo aus Dateien einzelne Daten an den verschiedensten Stellen schnell herausgegriffen und bearbeitet werden müssen. Dies ist zum Beispiel der Fall bei Bestandsveränderungen im Materialwesen oder bei der Lieferschein- und Rechnungserstellung. Auch bei Auskunfts- und Platzbuchungssystemen ist der direkte Zugriff nicht mehr wegzudenken.

Je nachdem, ob eine Magnetplatte bzw. ein Magnetplattenstapel in das Magnetplattengerät fest eingebaut oder auswechselbar ist, unterscheidet man noch zwischen dem Begriff der Festplatte und der Wechselplatte. Bei der Wechselplatte besteht praktisch unbegrenzte Speichermöglichkeit für den Computer.

5.1.2.2 Diskette

Eine Version der Magnetplatte stellt die Diskette dar. Disketten sind runde, magnetisierbare Kunststoffscheiben, die sich in einer Schutzhülle befinden. Die **Diskette** hat als **magnetischer Datenträger** für den PC die weiteste Verbreitung gefunden. Daneben hat sich die fest in den PC eingebaute **Magnetplatte** (Festplatte) infolge ihrer hohen Speicherkapazität und ihrer kurzen Zugriffszeit für professionelle Anwendungen etabliert. Die Speicherformate beider Datenträger, also die Art und Weise, wie Daten auf Diskette und Festplatte abgelegt werden, sind prinzipiell gleich. Dennoch gibt es technisch bedingte Unterschiede, zum Beispiel in der Anzahl von Spuren und Sektoren sowie in der Größe der Zylinder pro Datenträger.

Ein **Diskettenlaufwerk** schreibt oder liest konzentrisch angeordnete Kreisbahnen auf der Diskette, die man als **Spuren** bezeichnet. Das Schreiben und Lesen besorgen zwei **Magnetköpfe** mit den Nummern 0 und 1, die von unten und von oben auf der Diskette anliegen, während diese sich dreht. Beim Schreiben wird einer der Magnetköpfe durch elektrische Impulse angeregt und hinterläßt auf der Diskettenspur Informationen in Form magnetisierter Stellen (Bits). Beim Lesen kehrt sich der Vorgang um. Die magnetisierten Stellen auf der Diskette erzeugen während der Diskettenbewegung im Magnetkopf elektrische Impulse, die das Laufwerk an die Zentraleinheit weiterleitet.

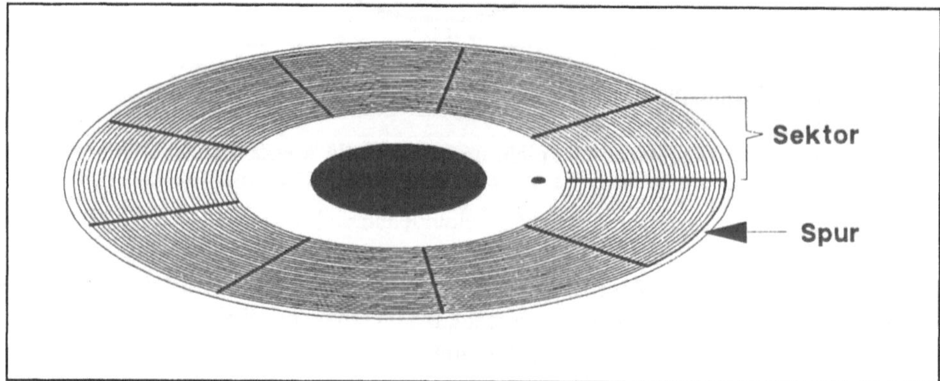

Abbildung 15: Formatierte Diskette

Während der Datenübertragung sind die Magnetköpfe 0 und 1 abwechselnd aktiv, sie lesen bzw. schreiben auf beiden Seiten der Diskette. Beim Speichern von Daten bewegt sich der Zugriffskamm erst dann zur nächsten Spurposition, wenn die obere und die untere Spur vollständig beschrieben sind.

Die **Festplatteneinheit** besitzt meist vier oder mehr Magnetköpfe. Die Magnetköpfe der Festplatte liegen im Gegensatz zum Diskettenlaufwerk nicht auf der Plattenoberfläche auf, sondern „überfliegen“ sie in geringem Abstand. Infolgedessen bleibt die Oberfläche einer Festplatte verschleißfrei. Sie kann sich darum erheblich schneller drehen als die Diskette. Dies führt zu entsprechend kürzeren Zugriffszeiten.

Die Spuren der Diskette/Festplatte sind in **Sektoren** unterteilt. Sektoren sind Spurenabschnitte, die unter MS-DOS jeweils 512 Byte bzw. Zeichen aufnehmen können. Je nach Plattenformat kann eine Spur 8, 9, 15 oder mehr Sektoren besitzen. Die Einteilung der Diskette in Spuren und Sektoren geschieht beim Formatieren. Der Schreib- bzw. Lesezugriff erfolgt auf einen ganzen Sektor. Er ist die **kleinste adressierbare Einheit** einer Platte. Das bedeutet, wenn Daten auf einer Diskette geändert werden sollen, muß das dazu benutzte Programm den Sektorinhalt (512 Byte) in den E/A-Puffer[1] holen, ihn dort ändern und zurückschreiben. Es werden immer vollständige Sektoren gelesen oder geschrieben, unabhängig davon, wie viele Daten bearbeitet werden sollen. Ein Zylinder ist eine Gruppe von Spuren, die auf einer Diskette oder einem Plattenstapel senkrecht über- bzw. untereinander liegen. Bei einer Diskette besteht ein Zylinder aus zwei Spuren, bei einer Festplatteneinheit mit einem Plattenstapel aus beispielsweise drei Einzelplatten kommen sechs Spuren auf einen Zylinder.

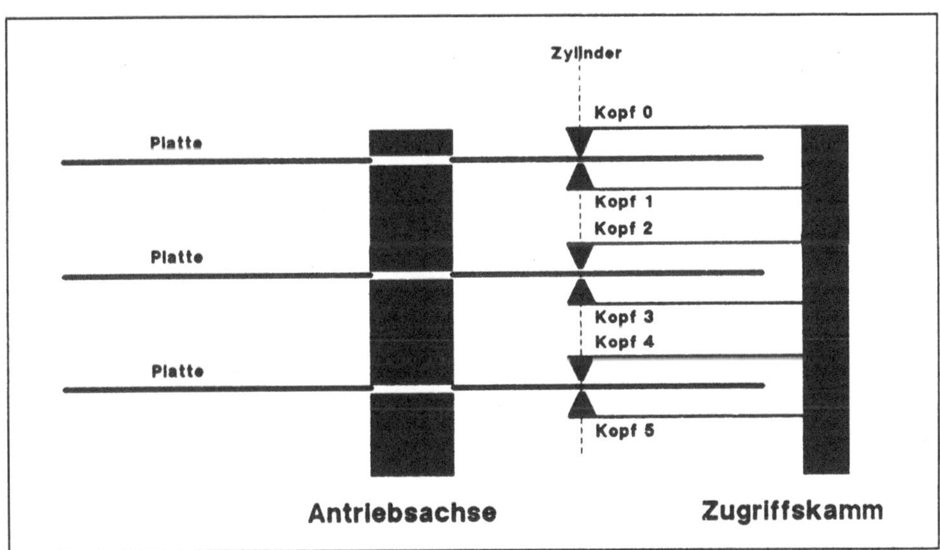

Abbildung 16: Schema eines Festplattenlaufwerks mit drei Platten, Seitenansicht

1 E/A-Puffer = Ein-/Ausgabereich im Hauptspeicher

Disketten unterscheiden sich in ihrer Beschaffenheit vor allem in Beschichtung und Größe. Heute überwiegen Disketten mit **doppelter** und mit **hoher** Speicherdichte mit einem Durchmesser von **3,5** oder **5,25** Zoll. Dementsprechend gibt es eine Vielzahl von Diskettenformaten für Personal Computer. Als Standard gelten heute die folgenden Formate:

Tabelle 3: Diskettenformate

PC-Klasse	Durchmesser	Dichte	Kapazität
XT	5,25 Zoll	doppelt	360 KB
AT	5,25 Zoll	hoch	1,2 MB
PS/2	3,5 Zoll	doppelt	720 KB
PS/2	3,5 Zoll	hoch	1,44 MB

5.1.3 Bildplatten

Bei **optischen Speichermedien** werden von einem Laserstrahl in eine beschichtete Oberfläche Daten eingebrannt und zum Lesen wieder mit einem Laser abgetastet. Sogenannte WORM[1]-Platten können zwar nur einmal beschriftet werden, haben aber eine Kapazität von mehreren GB.

5.2 Maschinell und visuell lesbare Datenträger

Wie schon erwähnt wurde, unterscheidet man an Belegen für die maschinelle Direktlesung:

- Markierungsbeleg,
- Magnetschriftbeleg,
- Klarschriftbeleg,
- Handschriftbeleg.

Alle Belege zeichnen sich unabhängig von der manuellen oder maschinellen Erfassung der Daten auf dem Beleg durch **maschinelle** und **visuelle Lesbarkeit** aus, womit der Vorgang der Datenerfassung erleichtert wird. Eine individuelle Gestaltung der Belege bezüglich Abmessung, Aufteilung und Beschriftung ist möglich.

1 Write Once, Read Multiple

5.2.1 Markierungsbeleg

Ein **Markierungsbeleg** enthält Markierungsstellen mit vorgegebener Bedeutung. Von Hand wird nach dem Prinzip der Ja/Nein-Entscheidung an einer Markierungsstelle eine Strichmarkierung angebracht, wenn die der Markierungsstelle vorgegebene Bedeutung zutrifft. Eine nicht vorhandene Strichmarkierung sagt aus, daß die der entsprechenden Markierungsstelle zugeordnete Bedeutung nicht zutrifft.

Abbildung 17 zeigt als Beispiel einen Ausschnitt eines Markierungsbelegs aus dem medizinischen Bereich. Zur Datenerfassung genügt also ein dunkler oder ein graphithaltiger Stift, je nachdem, ob die Markierungen anschließend im sogenannten Markierungsleser auf optischem oder auf elektromagnetischem Wege festgestellt werden.

Die Formulargröße und die Formulareinteilung lassen sich flexibel gestalten. Auf den Belegen können mehrfarbig – aber ohne die „Markierungsfarbe" – beliebige Erläuterungen für die manuelle Bearbeitung und Interpretation angebracht werden. Ein Markierungsbeleg kann bis zu 1000 Markierungsstellen aufnehmen. Die Eingabe der Daten in den Computer erfolgt über Markierungsleser mit einer Geschwindigkeit zwischen 50 und 400 Belegen pro Minute.

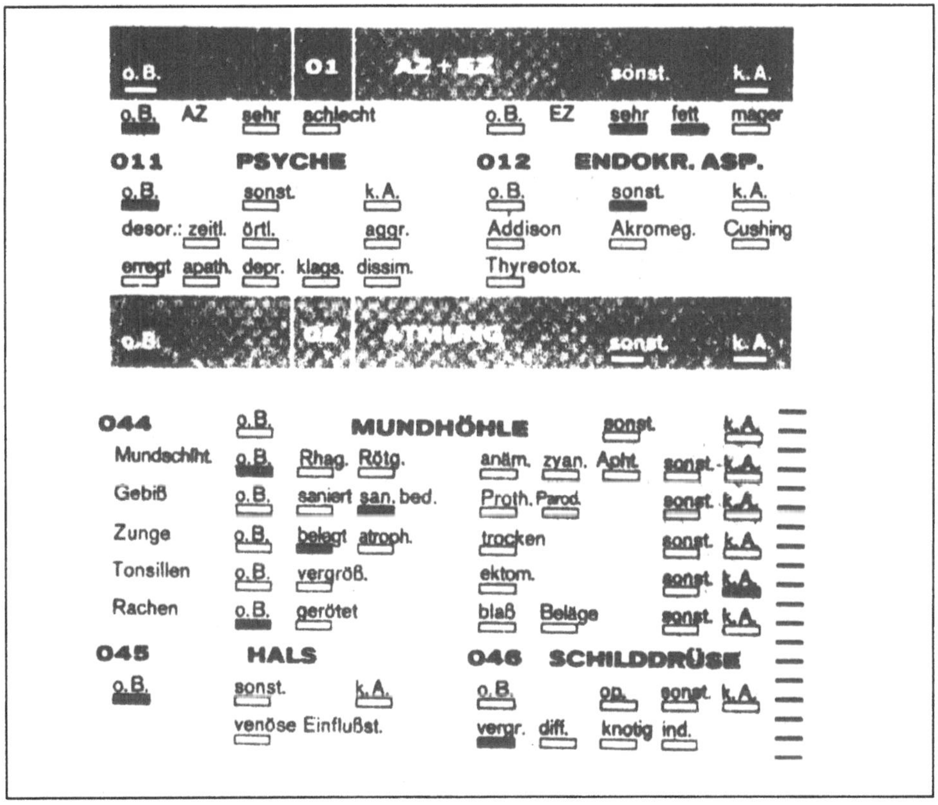
o.B. 01 AZ + EZ sonst. k.A.
o.B. AZ sehr schlecht o.B. EZ sehr fett mager
011 PSYCHE 012 ENDOKR. ASP.
o.B. sonst. k.A. o.B. sonst. k.A.
desor.: zeitl. örtl. aggr. Addison Akromeg. Cushing
erregt apath. depr. klags. dissim. Thyreotox.
o.B. sonst. k.A.
044 o.B. MUNDHÖHLE sonst. k.A.
Mundschlht. o.B. Rhag. Rötg. anäm. zyan. Apht. sonst. k.A.
Gebiß o.B. saniert san. bed. Proth. Parod. sonst. k.A.
Zunge o.B. belegt atroph. trocken sonst. k.A.
Tonsillen o.B. vergröß. ektom. sonst. k.A.
Rachen o.B. gerötet blaß Beläge sonst. k.A.
045 HALS 046 SCHILDDRÜSE
o.B. sonst. k.A. o.B. op. sonst. k.A.
venöse Einflußst. vergr. diff. knotig ind.

Abbildung 17: Markierungsbeleg

Markierungsbelege finden dort Verwendung, wo nur eine begrenzte Anzahl von Angaben mit jeweils vorgegebener und begrenzter Antwortvielfalt erforderlich sind. So zum Beispiel bei statistischen Fragebögen, Inventurlisten, Auftrags- und Bestellformularen, TÜV-Prüfberichten. Die Fehlerquote durch falsch oder schlecht angebrachte Strichmarkierungen ist relativ groß.

5.2.2 Klarschriftbelege

5.2.2.1 OCR-A-Schrift

Beim **Klarschriftbeleg (= optischer Beleg)** werden speziell entwickelte, stilisierte Zeichen verwendet, deren maschinelle Lesung auf dem Hell/Dunkel-Unterschied beruht, das heißt auf dem Kontrast, den die Schriftzeichen gegenüber dem Untergrund aufweisen. Die Form der Hell/Dunkel-Konturen ergibt das jeweilige Zeichen. Häufig verbreitet ist die mit DIN 66008 genormte **OCR-A-Schrift**[1].

Abbildung 18: Beispiel für eine OCR-A-Schrift

1 OCR-A Optical-Character-Recognition Typ A

Die Beschriftung der Belege kann durch Drucker, Schreib-, Rechen- oder Buchungsmaschinen erfolgen. Der Einsatz im bargeldlosen Zahlungsverkehr hat dem Klarschriftbeleg in der Bundesrepublik Deutschland zum Durchbruch verholfen. Im Scheck- und Überweisungsverkehr ist die Klarschrift- oder Codierzeile alltäglich. Auch Einzahlungsformulare werden mehr und mehr mit Klarschrift versehen.

5.2.2.2 Barcode

Vorgedruckte **Strichcodes (Barcodes)** sind im Handel stark verbreitet. Barcodes verwenden Folgen von schmalen und breiten Strichen. Am bekanntesten ist der 13-stellige numerische **EAN-Code**[1], der vorzugsweise im Handel verwendet wird.

Abbildung 19: Barcode EAN; linkes Beispiel „Früchtejoghurt“, rechtes Beispiel „Zigaretten“

Neben dieser Form der codierten Beleglesung werden interpretierende Scanner immer mehr auch für Texterkennung, Bildverarbeitung und Vektorisierung eingesetzt. Es ist zu erwarten, daß interpretierende Scanner in Zukunft sehr leistungsfähig zur Erfassung von Dokumenten in Maschinenschrift eingesetzt und damit einen hohen Teil reiner Texterfassung rationalisieren werden. Bei der interpretierenden Textererkennung werden die erfassten Bildpunkte nicht nur abgetastet, sondern in ein ASCII-Zeichen umgewandelt und mit einem hinterlegten Wörterbuch als sinnvolles Wort interpretiert.

5.2.2.3 Handschriftbeleg

Unter dem **Handschriftbeleg** versteht man einen für die maschinelle Weiterverarbeitung handschriftlich ausgefüllten Datenträger. Die Daten werden unmittelbar mit Hilfe eines Bleistifts auf die Belege aufgetragen. Dabei müssen zur maschinellen optischen Erkennung DIN-normgerechte[2] Blockschriftzeichen verwendet werden, die in die vorgesehenen Felder geschrieben werden müssen. Jedes Zeichen ist, wie beim Markierungsbeleg, exakt in den im Beleg vorgesehenen Kasten zu schreiben. Trotz erforderlicher Schulung des Personals und präziser Anleitungen zum ordnungsgemäßen Ausfüllen ist die Fehlerquote recht hoch.

---

1 Europäische Artikel-Nummer DIN 66236

2 Norm DIN 66225 zur maschinellen optischen Erkennung von Handschriftzeichen

Der Einsatz von Handschriftbelegen beschränkt sich deshalb vorwiegend auf die Verwendung numerischer Zeichen, zum Beispiel Zählerstände.

Aufgaben zur Selbstüberprüfung:

31. Was ist ein Datenträger?
32. Beschreiben Sie, wie das Lesen/Schreiben auf einem Magnetband nach dem Start/Stopp-Verfahren erfolgt!
33. Für welchen Zweck werden Magnetbänder heute überwiegend eingesetzt und aus welchem Grund?
34. Welchen Vorteil hat die Magnetplatte gegenüber dem Magnetband?
35. Was geschieht beim Formatieren einer Diskette?
36. Nennen Sie Beispiele für den Einsatz von Plastikkarten zur Datenerfassung!
37. Nennen Sie Beispiele für den Einsatz von Markierungsbelegen!
38. Auf welchem Prinzip beruht sowohl beim Klarschrift- als auch beim Handschriftbeleg die maschinelle Lesbarkeit?

6. Datenspeicherung

Lernziele:

Sie kennen die verschiedenen Möglichkeiten zur Datenspeicherung, die Kriterien zur Beurteilung von Speichern und die gravierenden Unterschiede der wichtigsten externen Massenspeicher.

Sie können die Möglichkeiten der Unterbringung von Datenbeständen auf externen Speichern beschreiben.

6.1 Möglichkeiten und Kriterien der Datenspeicherung

Die Speicherung von Daten ist eine grundlegende Funktion in der Datenverarbeitung. Speichern bedeutet, Daten über eine zeitliche Distanz so aufzubewahren, daß sie danach unverändert abrufbar sind.

Ein Speicher ist jedes Mittel, das Daten in maschinell lesbarer Form festhält.

Im Prinzip ist damit jeder Datenträger ein Datenspeicher. In der Praxis sind jedoch vor allem solche Medien als Speicher von Interesse, die in der Lage sind, große Mengen von Daten auf kleinem Raum und mit schneller Verfügbarkeit zu speichern. Dazu gehören der **interne Speicher (Zentraleinheit, Hauptspeicher)** und die **externen Speicher.**

Bei internen Speicher hat sich die Halbleitertechnik durchgesetzt. Nach der Zahl der Bit – der kleinsten Verarbeitungseinheit – unterscheidet man die Leistungsfähigkeit der Rechner nach der Zahl der Bit-Prozessoren (8-, 16-, 32-Bit-Prozessoren). Die Hauptspeichergröße gibt das Fassungsvermögen des Speichers in Anzahl von Zeichen an.

Für die externen Speicher haben sich Datenträger mit Magnetschrift als Magnetschichtspeicher durchgesetzt. Für die Beurteilung und Unterscheidung der Speicher sind als Kriterien maßgebend:

- Speicherkapazität,
- Zugriffszeit,
- Zugriffsart,
- Permanenz,
- Kosten.

Die **Speicherkapazität** wird in Kilobyte (KB) gemessen:

8 Bit = 1 Byte (1 Byte = 1 Zeichen)

1 KB = 1.024 Zeichen

1 MB (Megabyte) = 1.024 KB = 1.048.576 Byte

Dateien können auf externen Speichern nach verschiedenen Organisationsformen aufgebaut werden, wobei jeweils die Frage nach dem Auffinden eines bestimmten Datensatzes und damit das Problem der **Adressierung** entscheidend ist. Es gibt adressierbare Speicher (Speicher mit **direktem Zugriff**) und nichtadressierbare Speicher (Speicher mit **Reihenfolgezugriff**). Die Organisationsformen zur Speicherung von Datenbeständen auf externen Speichern lassen sich unterscheiden in:

- sequentielle Speicherorganisation,
- gestreute Speicherorganisation,
- index-sequentielle Speicherorganisation,
- gekettete Speicherorganisation.

Bei der **sequentiellen Speicherorganisation** erfolgt keine Adressierung. Die Sätze werden hintereinander fortlaufend und lückenlos abgespeichert. Der Speicherplatzbedarf ist vergleichsweise gering. Die zu speichernden Sätze sind im allgemeinen bezüglich des Ordnungsbegriffs sortiert. Der typische Speicher hierfür ist das **Magnetband.**

Die **index-sequentielle Speicherorganisation** ist nur bei adressierbaren Speichern möglich. Die Datei besteht aus dem Indexbereich und dem eigentlichen Datenbereich. Im **Indexbereich** erfolgt die Zuordnung der Ordnungsbegriffe zu den Speicheradressen. Ein Index gibt zu einem Ordnungsbegriff die Speicheradresse des Datensatzes mit diesem Ordnungsbegriff an. Der Indexbereich stellt also eine Art Inhaltsverzeichnis dar. Der **Datenbereich** entspricht dem der sequentiellen Speicherungsform. Vorteile der Index-sequentiellen Organisation sind, daß die Möglichkeit des direkten Zugriffs besteht und daß die Daten nicht sortiert sein müssen.

Bei der **gestreuten Speicherorganisation** wird aus dem Ordnungsbegriff des Datensatzes durch ein Umrechnungsverfahren die Speicheradresse des Datensatzes ermittelt. Die Zuordnung vom Ordnungsbegriff zum Speicherplatz erfolgt also nicht durch eine Tabelle, sondern durch Berechnung. Sollte im Ausnahmefall der Nummernkreis des Ordnungsbegriffes mit dem für die Speicherung bereitgestellten Adressenkreis übereinstimmen, ist eine Umrechnung nicht notwendig, da dann jeder Ordnungsbegriff gleichzeitig als Adresse genommen werden kann. Im Normalfall muß jedoch umgerechnet werden, wobei mehrere Methoden existieren, auf die aber hier nicht eingegangen werden kann. Der Vorteil dieses Verfahrens liegt in einem direkten schnellen Zugriff ohne Indexbereich.

Über sogenannte **Kettadressen** wird der Speicherplatz bei der **geketteten Speicherorganisation** bestimmt. Die Kettadresse (auch Verweisadresse oder Zeiger genannt) verweist innerhalb eines Datensatzes auf den Speicherplatz eines anderen Satzes. Dadurch werden Sätze, auch wenn sie nicht hintereinander stehen, miteinander verkettet. Bei der einfachen Verkettung wird nur mit den Nachfolgern verkettet. Bei der doppelten Verkettung enthält ein Datensatz sowohl eine Kettadresse für den Nachfolgersatz als auch eine Kettadresse für den Vorgängersatz. Wenn vom letzten Satz der Kette eine Verweisadresse auf den ersten Satz erfolgt, spricht man von einer geschlossenen Kette. Da durch die im Datensatz verankerten Kettadressen der weitere mögliche Zugriff bestimmt wird, spricht man hier von einer beschränkt direkten Zugriffsart.

Unter der **Zugriffszeit** versteht man die Zeit, die zum Aufsuchen eines Speicherplatzes und zum Schreiben der Daten in diesen Speicherplatz bzw. zum Lesen der Daten aus diesem Speicherplatz vergeht. Die Zugriffszeit wird maßgeblich von der Art und Weise, wie eine bestimmte Stelle des Speichers erreicht wird und somit von der Zugriffsart bestimmt.

Bei der **Zugriffsart** wird zwischen den schon mehrfach erwähnten Möglichkeiten des **Reihenfolgezugriffs** oder **seriellen Zugriffs** und des **wahlfreien Zugriffs** oder **direkten Zugriffs** unterschieden. Beim Reihenfolgezugriff ist der Zugriff zu den Daten des Speichers an die Reihenfolge gebunden, in der sie abgespeichert wurden. In dieser Reihenfolge sollten sie gelesen und verarbeitet werden, weil nur dann die Zugriffszeit für alle Daten gleichermaßen kurz ist. Bei einer Abweichung von der vorhandenen Reihenfolge würden die Zugriffszeiten abhängig von der Stelle, an der sich die gesuchten Daten befinden, die unterschiedlichsten Werte annehmen, gegenüber der Einhaltung der Reihenfolge aber nur länger werden. Beim wahlfreien Zugriff besteht keine Bindung an eine Reihenfolge, da auf alle Daten, ganz gleich an welcher Stelle sie sich im Speicher befinden, mit fast gleicher Zugriffszeit zugegriffen werden kann.

Mit dem Kriterium der **Permanenz** wird ausgesagt, ob der Inhalt eines Speichers nach Abschalten der Energiezufuhr erhalten bleibt oder nicht. In Permanenzspeichern bleibt der Inhalt erhalten. Dazu gehören alle Speicher mit magnetischem Speicherprinzip. Werden beim Abschalten der Stromzufuhr zu der DVA Daten gelöscht oder verändert, so spricht man von nicht permanenten oder **temporären Speichern**. Halbleiterspeicher sind temporäre Speicher.

Bei den **Kosten** eines Speichers interessieren weniger die Gesamtkosten, sondern die Kosten bezogen auf eine Speichereinheit, also zum Beispiel die Kosten je abzuspeicherndem Zeichen. Diese anteilmäßig auf ein Zeichen umgerechneten Kosten steigen mit wachsender Kapazität und sinkender Zugriffszeit. Nur über die anteiligen Kosten lassen sich die Kostenvergleiche bei Speichern unterschiedlicher Kapazität durchführen.

Zwischen der Gruppe der externen Speicher und dem internen Speicher bestehen große Unterschiede hinsichtlich der Kriterien **Kapazität, Zugriffszeit und Kosten.** Der interne Speicher ist gegenüber den externen Speichern teuer, hat geringe Kapazität aber dafür eine sehr kurze Zugriffszeit. Die Kapazitäten interner Speicher liegen zwischen 64 KB und 16 Millionen Zeichen; die Zugriffszeiten im **Nano-Sekundenbereich** (eine Nano-Sekunde = eine Milliardstelsekunde). Zum Vergleich: Eine Nano-Sekunde steht zu einer Sekunde im gleichen Zeitverhältnis wie eine Sekunde zu etwa 32 Jahren!

Aus Gründen der vergleichsweise hohen Kosten und der damit zusammenhängenden niedrigen Kapazität bleibt der interne Speicher den jeweils aktuell benötigten Programmen, den dazu kurzfristig erforderlichen Daten und den bei der Verarbeitung entstehenden Zwischen- und Endergebnissen vorbehalten. Bei modernen Datenverarbeitungsanlagen werden die internen Speicher vorwiegend als Halbleiterspeicher ausgeführt, so daß es sich hierbei um temporäre Speicher handelt.

6.2 Externe Speicher

Als externer Speicher kann jeder maschinell lesbare Datenträger in Frage kommen. In erster Linie versteht man aber darunter die Magnetschichtspeicher als **Massenspeicher**, die auf kleinem Raum mit kurzer Zugriffszeit eine Menge von Daten speichern. Dazu gehören

- Magnetband,
- Magnetplatte,
- Diskette.

Die externen Speicher dienen zur:

- Speicherung großer Datenbestände (Personaldatei, Kundendatei, Kontobestände, Materialbestände usw.),
- Zwischenspeicherung von Ein- und Ausgabedaten, für die der interne Speicher nicht ausreicht,
- Speicherung von Programmen,
- Zwischenspeicherung von Programmteilen (Unterprogramme, Prozeduren), die im aktuellen Programmablauf nicht laufend benötigt werden.

Zwischen den für die kommerzielle Datenverarbeitung wichtigsten externen Speichern ist die Zugriffsart das entscheidende Unterscheidungskriterium. Magnetband/Festplatte/ Diskette sind typische Vertreter für den Reihenfolgezugriff. Wird hier von der seriellen Bearbeitung abgewichen, so muß unter Umständen das Band von einem Ende zum anderen umgespult werden, was Minuten dauern kann. Die Magnetplatte ist der typische Vertreter für den direkten Zugriff. Gleichgültig, wo sich die Daten befinden, es muß maximal die Positionierungszeit von ganz außen nach ganz innen oder umgekehrt und die Drehwartezeit für eine ganze Umdrehung der Platte abgewartet werden. Dies geschieht in der Größenordnung von hundertstel Sekunden.

Mit der Tatsache, daß bei den externen Speichern zum Zugriff immer mechanische Teile bewegt werden müssen, beim internen Speicher der Zugriff dagegen rein elektronisch erfolgt, ist zu erklären, daß die Zugriffszeiten externer Speicher so wesentlich größer sind als bei den internen Speichern. Auf Grund des magnetischen Speicherprinzips sind alle diese Speicher permanente Speicher.

Aufgaben zur Selbstüberprüfung:

39. Welches sind die Kriterien zur Beurteilung und Unterscheidung von Speichern?
40. Welche Zugriffsarten werden bei der Datenspeicherung unterschieden?
41. Worin unterscheiden sich interne und externe Speicher?
42. Mit welcher Einheit wird die Speicherkapaziät angegeben?
43. Welche verschiedenen Organisationsformen zur Speicherung von Datenbeständen auf externen Speichern unterscheidet man?
44. Welcher Unterschied besteht zwischen der index-sequentiellen und der gestreuten Speicherorganisation?
45. Wozu dienen externe Speicher?
46. Welche externe Speicher werden in der kommerziellen Datenverarbeitung häufig verwendet?

7. Programmiersprachen

Lernziele:

Sie kennen die grundsätzlichen Arten von Programmiersprachen sowie die in der Praxis für die Erstellung von Anwendungsprogrammen wichtigsten Programmiersprachen.

Ein **Programm** ist eine Arbeitsvorschrift zur Steuerung der Hardware. Es besteht aus **Programmanweisungen**. Jede Programmanweisung (Befehl, Statement) veranlaßt den Prozessor bzw. dessen Steuerwerk (Leitwerk), eine spezifische Operation von den übrigen Funktionseinheiten ausführen zu lassen.

Ein Programm besteht aus einer geordneten Folge von Anweisungen an den Computer.

Über verschiedene Arten von Anweisungen und die Reihenfolge der Anweisungen lassen sich die einzelnen zur Lösung einer bestimmten Aufgabe notwendigen Arbeitsschritte „vorprogrammieren". Bei der Ausführung des Programms werden dann nach Maßgabe der Anweisungen und deren Reihenfolge Schritt für Schritt die jeweiligen Operationen des Computers abgewickelt.

Ein Programm veranlaßt den Prozessor, die Eingabe, Verarbeitung und Ausgabe von Daten durchzuführen und dadurch eine Aufgabe zu lösen.

Zur Erstellung dieser computerverständlichen Arbeitsvorschriften (Programme) gibt es verschiedene Programmiersprachen. In **Programmiersprachen** bilden Anweisungen die Sprachelemente.

Eine künstliche Sprache zum Formulieren von Programmen nennt man Programmiersprache.

7.1 Einteilung der Programmiersprachen

Jeder Computer hat einen sogenannten internen Code oder Maschinencode, der ganz auf die Funktionen des Prozessors der jeweiligen EDVA abgestimmt ist. Besteht ein Programm aus einer Folge von Anweisungen im Maschinencode, so spricht man von einem Programm in Maschinensprache. Die Anweisungen der Maschinensprache sind als sogenannte Binärfolgen (01000111 ist zum Beispiel die Binärfolge für **MVC**, **Mo**V**e C**harakter, 11111010 die für **AP**, **A**dd **P**acked decimal) aufgebaut und werden vom Prozessor unmittelbar verstanden. Eine Maschinensprache ist vom Prozessortyp bzw. von der Prozessorfamilie abhängig. Die Maschinensprache erfordert eine genaue, auch technische Kenntnis der jeweiligen EDVA. Sie ist sehr umständlich und unübersichtlich, deshalb erstellt heute niemand mehr Programme damit. Maschinensprachliche Programme entstehen durch Übersetzung (Compilierung, Interpretation) von Programmen, die in maschinennahen oder höheren Sprachen geschrieben wurden.

Die maschinennahen Sprachen – sie werden auch als **maschinenorientierte Sprachen** bezeichnet – orientieren sich ebenfalls an der technischen Struktur des Prozessors, verwenden aber statt der Binärfolgen symbolische Begriffe, sogenannte **mnemotechnische Ausdrücke**[1], für die Anweisungen. Solche Ausdrücke können zum Beispiel sein: MVC für move characters (übertrage Zeichen); AP für add packed decimal (Addition von gepackten Dezimalzahlen) usw. Weiterhin existieren für die maschinennahen Sprachen sogenannte **Makro-Befehle**, die stellvertretend für eine ganze Folge von einzelnen Befehlen stehen. Vor Ausführung des Programms wird das in der maschinennahen Sprache verfaßte **Quellprogramm** durch ein **Übersetzungsprogramm** in ein Maschinenprogramm, das **Objektprogramm**, übersetzt. Das Objektprogramm kann vom Prozessor direkt ausgeführt werden.

Sowohl die mnemotechnischen Ausdrücke als auch die Makros erleichtern das Programmieren gegenüber der Maschinensprache. Trotzdem ist die genaue Kenntnis der Anlage erforderlich. Maschinennahe Sprachen sind unter dem Begriff **Assembler** bekannt. Programme zur Übersetzung von Assemblerprogrammen heißen Assemblierer (oder ebenfalls Assembler). Die Assembler-Sprache ist keine einheitliche Sprache. Assembler-Anweisungen haben die gleiche Struktur wie die Anweisungen der entsprechenden Maschinensprache, das heißt, diese Sprache hängt vom Prozessortyp ab.

Maschinensprachen und maschinennahe Sprachen werden unter dem Begriff der maschinenorientierten Sprachen zusammengefaßt.

Maschinenorientierte Sprachen sind prozessorbezogen, sie wurden der technischen Konzeption des jeweiligen Prozessortyps angepaßt.

Den Gegensatz zu den maschinenorientierten Sprachen bilden die große Gruppe der **problemorientierten Sprachen**. Problemorientierte Sprachen sind nicht auf Prozessoren bestimmter Hersteller, sondern auf die Lösung von Aufgabenstellungen in verschiedenen Fachgebieten zugeschnitten.

Problemorientierte Sprachen sind prozessorunabhängig, sie sind auf die zu lösenden Probleme ausgerichtet.

Man nennt sie auch **höhere Programmiersprachen**, da sie zum einen stets Makrosprachen sind, das heißt, ihre Anweisungen immer eine Reihe von Einzeloperationen auslösen und zum anderen, weil der Sprachaufbau wegen seiner Anlehnung an die mathematische Formelsprache und an Ausdrücke der menschlichen Umgangssprache gut verständlich ist.

---

1 Mnemotechnik ist die Kunst, das Einprägen von Gedächtnisstoff durch besondere Lernhilfen zu erleichtern.

Jede in einer problemorientierten Sprache formulierte Anweisung muß vor ihrer Ausführung durch den Prozessor vom Computer in die Maschinensprache übersetzt werden. Die dazu notwendigen Übersetzungsprogramme können käuflich erworben werden. Wird das in der problemorientierten Sprache geschriebene Programm – das Quellprogramm – in einem gesonderten Übersetzungslauf insgesamt in das Objektprogramm übersetzt, ohne daß dabei eine Anweisung zur Ausführung kommt, so bezeichnet man das Übersetzungsprogramm als **Compiler**. Die Ausführung des Programms kann erst nach vollständiger Übersetzung erfolgen. Das Objektprogramm liegt hier explizit vor und kann als solches abgespeichert werden. Wird hingegen jede einzelne Anweisung der problemorientierten Sprache nach ihrer Übersetzung sofort ausgeführt, so bezeichnet man das Übersetzungsprogramm als **Interpreter**. Übersetzung und Ausführung finden in einem Programmablauf statt. Übersetzung und Ausführung wechseln einander ab. Interpreter erzeugen also keine Objektprogramme.

Programme in **problemorientierten Sprachen sind allgemeingültig** und lassen sich auf nahezu allen Anlagentypen einsetzen. Die Verwendung einer problemorientierten Sprache hängt von der Existenz eines Übersetzungsprogramms ab, das natürlich von Anlagentyp zu Anlagentyp verschieden, aber meist direkt vom Hersteller der EDVA zu erwerben ist.

Programme in problemorientierten Sprachen sind allgemeingültig und lassen sich auf nahezu allen Anlagentypen einsetzen.

Eine weitere Unterteilung der problemorientierten Sprachen erfolgt in die Gruppe der **problemorientierten Universalsprachen** und in die Gruppe der **problemorientierten Spezialsprachen**.

Unter die problemorientierten Universalsprachen fallen bekannte Sprachen wie FORTRAN, BASIC, COBOL, RPG, PL/l, APL, PASCAL, MODULA C, ADA usw. Die in diese Gruppe fallenden Sprachen sind, trotz ihrer Ausrichtung auf die Programmierung von Problemen innerhalb eines bestimmten Fachgebietes **universell** auf unterschiedliche Problemkreise anzuwenden. Im nächsten Abschnitt wird etwas näher auf einige dieser Sprachen eingegangen.

Bei den problemorientierten Spezialsprachen ist eine Spezialisierung auf ganz spezifische Problemkreise vorhanden. Die Erkenntnis, daß die Universalsprachen nicht für alle Problemkreise gleich gute Einsatzmöglichkeiten bieten, führte zur Entwicklung dieser Spezialsprachen, welche nach Dworatschek (Dworatschek, Grundlagen der Datenverarbeitung) in vier Klassen eingeteilt werden können:

- Datenbanksprachen,
- Dialogsprachen,
- Simulationssprachen,
- Produktionsprozeßsprachen.

In den letzten Jahren haben sich außerdem Sprachen der **künstlichen Intelligenz** herausgebildet.

Ohne im weiteren auf die Spezialsprachen einzugehen, sollen zumindest vom Namen her einige von ihnen genannt werden. dBASE ist eine weit verbreitete Datenbanksprache von Ashton Tate. SQL ist eine typische Dialogsprache (engl. query language) von IBM; sie wird für die Abfrage von Informationen aus Datenbanken eingesetzt. Als Produktionsprozeßsprachen sind EXAPT und PEARL bekannt. SIMULA und DYNAMO sind Simulationssprachen. Die letztere wurde vom Club of Rome für die Hochrechnung seines Weltmodells verwendet.

Abbildung 20 zeigt eine graphische Übersicht zur Einteilung der Programmiersprachen.

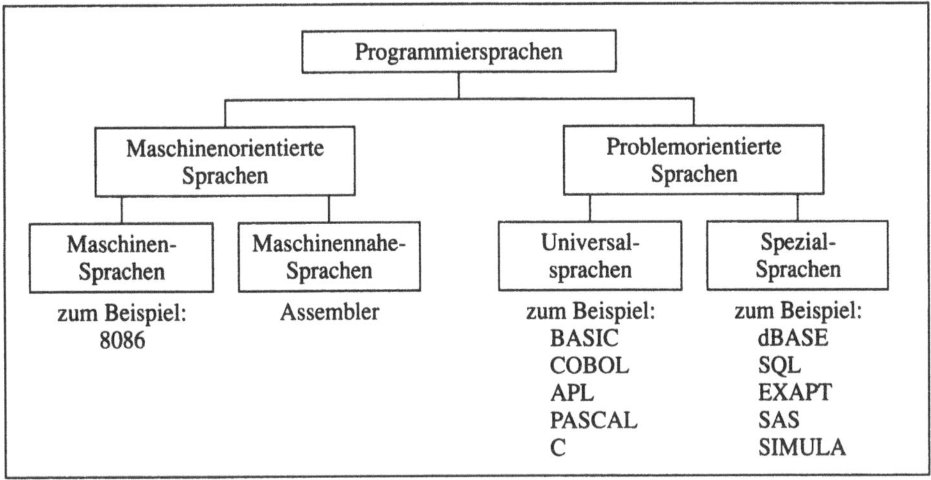

Abbildung 20: Einteilung der Programmiersprachen

Neben der Verwendbarkeit der Programme auf verschiedenen Anlagen ist ein großer **Vorteil** der **problemorientierten Sprachen**, daß das Programmieren erheblich **einfacher** und **schneller** geht. Es ist außerdem leichter zu erlernen und steht damit einem größeren Personenkreis offen. **Nachteilig** dagegen ist, daß sich die Möglichkeiten einer Datenverarbeitungsanlage nicht so gut ausnutzen lassen, wie bei den maschinenorientierten Sprachen. In problemorientierten Sprachen geschriebene Programme benötigen in der Regel **mehr Speicherplatz und mehr Zeit zur Ausführung** als in Assembler geschriebene, vergleichbare Programme. Grundsätzlich sind jedoch problemorientierte Sprachen den maschinenorientierten Sprachen vorzuziehen, wobei sich jeder Anwender aus der Vielfalt der vorhandenen problemorientierten Sprachen auf einige wenige – möglichst sogar nur eine – beschränken sollte. Es ist meist nicht sinnvoll, für unterschiedliche Probleme jeweils unterschiedliche Sprachen zu wählen. Der problemspezifische Aspekt sollte hier zugunsten einer einheitlichen Sprache zurücktreten.

7.2 Einige bedeutende problemorientierte Universalsprachen

Bei der nachfolgenden kurzen Beschreibung von Anwendungsschwerpunkten und Besonderheiten einiger problemorientierter Universalsprachen stellt die Reihenfolge keinen Maßstab für die Bedeutung dieser Sprachen dar.

FORTRAN (= **FOR**mula **TRAN**slation) baut auf der mathematischen Formelsprache auf. Sie wurde im Jahre 1954 als eine der ersten Sprachen für den Einsatz im technisch-wissenschaftlichen Bereich entwickelt, läßt sich aber zwischenzeitlich über sogenannte „commercial packages" auch für kommerzielle Probleme einsetzen. Die Übersetzung eines FORTRAN-Programmes geschieht durch einen Compiler.

BASIC (**B**eginner's **A**ll-purpose **S**ymbolic **I**nstruction **C**ode) ist eine in den Jahren 1962 entwickelte einfache Sprache für den technisch-wissenschaftlichen und den kommerziellen Bereich. Sie ähnelt FORTRAN, war zunächst für den technisch-wissenschaftlichen Bereich konzipiert, wurde dann aber durch Erweiterung zum sogenannten C-BASIC auch für die Bearbeitung kommerzieller Aufgaben interessant. Programmanweisungen sind in BASIC sehr einfach zu formulieren. BASIC ist eine Dialogsprache. Jede Anweisung wird nach ihrer Formulierung direkt über Bildschirm in die Zentraleinheit eingegeben, übersetzt und auf Richtigkeit geprüft. Eine fehlerhafte Anweisung wird durch eine Fehlermeldung auf dem Bildschirm quittiert und kann sofort korrigiert werden. Das Übersetzungsprogramm ist somit als Interpreter aufgebaut. In den letzten Jahren sind auch BASIC-Compiler entwickelt worden. Jetzt kann man ein BASIC-Programm mit Hilfe des Interpreters austesten und nach Abschluß der Korrekturen compilieren. Durch die Compilierung gewinnt man einen zum Teil erheblichen Durchsatzvorteil[1]. Außerdem wird eine nachträgliche Veränderung des Programms verhindert (Urheberrecht).

COBOL (**CO**mmon **B**usiness **O**riented **L**anguage) wurde 1956 speziell für kommerzielle Anwendungsbereiche geschaffen. Diese bekannteste kaufmännisch orientierte Sprache besitzt vor allem Elemente für die Behandlung großer Datenmengen. COBOL arbeitet mit vielen aber einprägsamen Wortsymbolen und ist relativ speicheraufwendig. COBOL-Programme sind immer in vier Teile gegliedert:

[1]	Erkennungsteil: Hier stehen der Programmname und andere Kenndaten.
[2]	Maschinenteil: Festlegung der vom Programm benötigten Hardwareeinheiten (Zentraleinheit und Peripherie) und deren Zusammenarbeit.
[3]	Datenteil: Der Aufbau der verwendeten Dateien und deren Speicherbereiche wird im Datenteil beschrieben.
[4]	Ablaufteil: Dies ist der Hauptprogrammteil. Er enthält die Programmanweisungen zur Verarbeitung der Daten.

1 Durchsatz = Geschwindigkeit, mit der Programme abgearbeitet werden.

COBOL ist besonders für ein-/ausgabenintensive kommerzielle Programme geeignet. COBOL-Programme werden durch einen Compiler übersetzt.

RPG (**R**eport **P**rogram **G**enerator = Listenprogramm-Generator) ist speziell für kommerzielle Probleme geeignet. Das Programmieren beschränkt sich hier auf eine tabellenförmige Problembeschreibung, indem durch Ausfüllen von Eingabe-, Rechen- und Ausgabeformularen die Eingabe-, Rechen- und Ausgabebestimmungen definiert werden. Aus den Angaben der „Fragebögen“ erstellt dann das Übersetzungsprogramm (der „Listenprogramm-Generator”) das ablauffähige Maschinenprogramm.

PL/1 (**P**rogram **L**anguage **1**) wurde 1965 entwickelt und ist gleichermaßen für den technisch-wissenschaftlichen wie auch den kaufmännisch-wirtschaftlichen Bereich geeignet. Die Sprache vereinigt in sich Elemente der Sprachen FORTRAN und COBOL, bietet ein weites Anwendungsfeld und ist leicht erlernbar. Die Übersetzung in das Maschinenprogramm erfolgt durch einen Compiler.

PASCAL ist nach dem Mathematiker Blaise Pascal benannt und wurde 1970 von Professor Wirth in Zürich entwickelt. Als universelle Programmiersprache reicht ihr Anwendungsspektrum von der Programmierung von Mikroprozessoren über Prozeßsteuerung bis zu kommerziellen Aufgaben. Gerade als Unterrichtssprache für Anfänger ist PASCAL besonders geeignet, da es das Erkennen des Wesentlichen eines Programms fördert.

Wegen der ganz eindeutig und fest vorgegebenen Struktur jedes Programmes fördert PASCAL den Trend zur sogenannten strukturierten Programmierung, verhilft aufgrund seiner Struktur zur leichteren Spezifizierung einer Lösung und gestattet es, Strukturen und Details einer Programmlösung mittels der zu verarbeitenden Informationen und durchzuführenden Operationen auszudrücken.

PASCAL zeichnet sich dadurch aus, daß

- die wichtigsten Sprachkonstruktionen einfach und durchsichtig sind,
- auf unnötig komplizierte Konstruktionen verzichtet wird,
- moderne Methoden des Programmentwurfs sich einfach realisieren lassen,
- die Sprache einfach zu erlernen ist.

Die **Programmiersprache C** wurde in der zweiten Hälfte der siebziger Jahre in den USA entworfen und bis in die letzten Jahre hinein weiterentwickelt. Die Spezifikationen der Sprache haben Kernighan und Ritchie 1977 niedergelegt[1]. Sie wurde nicht für ein spezielles Anwendungsgebiet entworfen, sondern ist eine Programmiersprache für allgemeine

1 Kernighan/Ritchie „The C Programming Language“, 1977 (in der BRD auch in deutscher Sprache erschienen)

Anwendungen und besonders geeignet für die systemnahe Programmierung. C ist dem PASCAL ähnlich und zeichnet sich aus durch einen geringen Sprachumfang, eine klare Struktur, elegante Ausdrucksmöglichkeiten und das Fehlen restriktiver Regeln. In C geschriebene Programme erreichen ein besonders gutes Laufzeitverhalten, da der geringe Umfang an Datentypen es ermöglicht, nahe an den heute üblichen Rechnerarchitekturen – also maschinennah – zu programmieren. Die leichte und schnelle Erlernbarkeit sowie das Fehlen von Einschränkungen und die allgemeine Verwendbarkeit macht C zu einer bequemen und effektiven Programmiersprache. C-Programme können mit minimalem Aufwand an alle Rechnertypen angepaßt werden.

ADA wurde Ende der siebziger Jahre in den USA im Auftrag des US-Verteidigungsministeriums für die Anwendung in integrierten Systemen entwickelt. In einem integrierten System ist der Computer ein eingebautes Teil eines größeren Systems, wie zum Beispiel in der Produktionskontrolle einer chemischen Fabrik, dem Arbeitsablauf einer Werkzeugmaschine oder sogar bei der Raketenlenkung.

ADA ist nach Augusta Ada, Gräfin von Lovelace und Tochter von Lord Byron benannt, die Anfang des 19. Jahrhunderts Computerprogramme entwickelte, lange bevor man Computersysteme als solche kannte. Sie kann als die erste Programmiererin der Welt angesehen werden.

Ziel war eine Standardisierung auf dem Gebiet der integrierten Systeme. Obwohl ursprünglich nur dafür gedacht, ist ADA eine universelle Programmiersprache, die in gewissem Sinne Ähnlichkeiten mit PASCAL aufweist (PASCAL, PL-1 und ALGOL waren Grundlage von ADA). Insofern sind Kenntnisse in PASCAL nützlich, um ADA zu erlernen.

Aufgaben zur Selbstüberprüfung:

47. Was ist ein Computerprogramm, woraus besteht ein solches Programm, und was ist die Aufgabe eines Programms?
48. Was sind maschinenorientierte Programmiersprachen?
49. Wodurch zeichnen sich problemorientierte Programmiersprachen aus? Wie werden sie weiter unterteilt?
50. Welche Nachteile haben problemorientierte Sprachen?
51. Was versteht man unter den Begriffen „Quellprogramm“ und „Objektprogramm”?
52. Welche der bedeutenden problemorientierten Universalsprachen sind typische kommerzielle Sprachen und welche sind universell einsetzbar?
53. Was ist der Unterschied zwischen einem Compiler und einem Interpreter?

8. Software

Lernziele:

Sie können den Begriff Software beschreiben und die Arten der Software unterscheiden.

Die Software als eine der drei für die moderne Datenverarbeitung notwendigen Komponenten ist gerade für den Anwender von entscheidender Bedeutung. Die Hardware kann heute als gegeben und funktionierend vorausgesetzt werden. Die Brainware bildet quasi das erforderliche Bindeglied zwischen Mensch und Maschine, ist insofern sehr wichtig und sollte nicht unterschätzt werden. Was der Computer aber letzten Endes tut, wie er es macht und wo der Nutzen für den Anwender liegt, wird einzig und allein von der Software, insbesondere den Anwenderprogrammen bestimmt. Die Software allein ist für die Art der Verarbeitung, für den Grad der Unterstützung und Entlastung des Menschen, für die Notwendigkeit des menschlichen Einwirkens auf die Verarbeitung verantwortlich.

Programme sind Arbeitsanweisungen, die in einer dem Computer verständlichen Sprache verfaßt wurden. Sie dienen der Kommunikation zwischen Mensch und Maschine. Die Hardware einer EDVA und ihre Software faßt man unter dem Begriff EDV-System (EDVS) zusammen.

Die Gesamtheit der Programme, die man zum Betreiben einer EDVA braucht, wird als Software bezeichnet.

Die Software entscheidet über den Nutzen für den Anwender, sie ist deshalb von ihm mit besonderer Sorgfalt auszuwählen.

Wichtige Kriterien für die Beurteilung von Software sind:

- **Kosten-/Nutzenverhältnis**
  Hier fließen vor allem Kauf-, Wartungs- und Schulungskosten maßgeblich ein.
- **Produktreife**
  Wichtig ist die Erprobung des Softwareprodukts in der Praxis. Die Produktreife zeigt sich nicht nur in der Fehlerfreiheit, sondern auch in Bedienungskomfort und Verarbeitungsgeschwindigkeit.
- **Anpassungsfähigkeit**
  Software muß an individuelle Anforderungen, zum Beispiel betriebsorganisatorische Erfordernisse, angepaßt werden können.
- **Verträglichkeit**
  Die vorhandene Hard- und Software sollte kompatibel zum neuen Produkt sein. Unabdingbar: Das Betriebssystem muß das Produkt unterstützen.

Die Software wird wie folgt untergliedert:

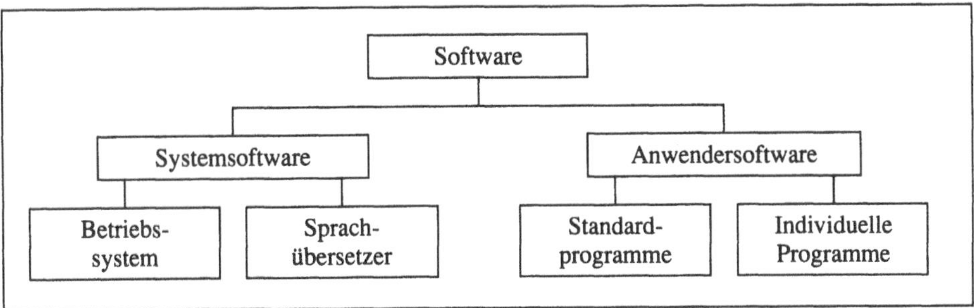

Abbildung 21: Gliederung der Software

Computer können aufgrund ihrer technischen Eigenschaften ihre Arbeit nur in sehr kleinen einfachen Schritten ausführen. Menschen dagegen verlangen von Computern komplizierte Arbeitsvorgänge. Deshalb muß es zwischen Mensch und Maschine einen Kommunikationsmittler geben, der die komplexen Anforderungen in kleine Arbeitsschritte zerlegt, die der Computer erledigen kann. Diese Mittlerfunktion übernehmen Programme. Sie sind Sammlungen von Anweisungen für den Computer zur Bewältigung einer bestimmten Aufgabe.

Computer sind nicht intelligent im menschlichen Sinne. Man spricht zwar auch bei einem Computer von Intelligenz, meint damit aber die Vielfalt der Funktionen, die ein Computersystem ausüben kann. Wenn Computer komplizierte Aufgaben lösen, zeigen sie damit lediglich Reaktionen auf Programme und Daten. Die „Intelligenz“ eines Computersystems hängt vorwiegend von seiner sinnvollen Programmierung ab.

Die Systemsoftware besteht aus Betriebssystem und Sprachübersetzer. Das Betriebssystem (operating system) ist eine Sammlung von grundlegenden Programmen, die den Computer in die Lage versetzen, einen Dialog mit dem Benutzer aufzunehmen. Unter Betriebssystem versteht man alle Programme, die den Betrieb einer EDVA ermöglichen, ohne auf einen bestimmten Anwendungsfall gerichtet zu sein.

Doch verkehrt nicht nur der Benutzer mit der EDVA über das Betriebssystem. Auch alle Programme, die der Benutzer startet, laufen unter der Steuerung und Überwachung des Betriebssystems. Das Betriebssystem „betreibt“ die gesamte EDVA. Die EDVA bildet erst mit einem Betriebssystem zusammen ein funktionsfähiges EDVS. Deshalb werden Betriebssysteme in der Regel vom Hersteller einer EDVA mitgeliefert.

Ein Betriebssystem übernimmt folgende Funktionen:

- Es stellt Möglichkeiten für die Behandlung von Datensammlungen (Dateien) zur Verfügung.
- Es weist Programmen und Daten automatisch Speicherplätze im Arbeitsspeicher zu und organisiert den Programmablauf.
- Es steuert die Ein- und Ausgabefunktionen. Nutzen mehrere Benutzer ein EDVS, so teilt es die Nutzung der Geräte einer EDVA zwischen ihnen ökonomisch auf.

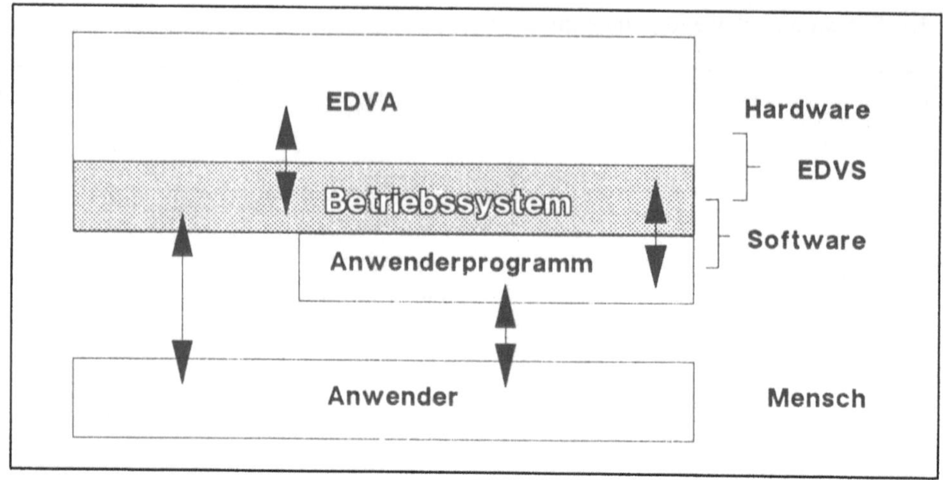

Abbildung 22: Die Stellung des Betriebssystems im EDV-System

Sprachübersetzer tun, was ihr Name sagt: Sie übersetzen die in einer Programmiersprache geschriebenen Programme in die Maschinensprache des betreffenden Computers. Programmierer verfassen ihre Programme meist in Programmiersprachen, die komplexe Arbeitsvorgänge mit verhältnismäßig wenigen kompakten Anweisungen beschreiben. Der Programmierer schreibt das Quellprogramm. Vor der Ausführung durch den Computer müssen diese Anweisungen in sehr kleine Arbeitsschritte zerlegt und in Befehle übersetzt werden, die der Computer beherrscht. Dies bewerkstelligt ein Sprachübersetzer. Das Ergebnis des Übersetzungsvorgangs ist das Objektprogramm in Maschinensprache (Objektcode).

Compiler sind Übersetzer, die ein Programm vor der Ausführung komplett übersetzen. Interpreter übersetzen stets eine Programmanweisung und führen sie dann aus, bevor die nächste Programmanweisung übersetzt und wiederum ausgeführt wird. Dieser Wechsel dauert an bis das Programm endet. Compiler und Interpreter sind Übersetzungsprogramme für weitgehend maschinenunabhängige Programmiersprachen.

Assembler heißen die maschinennahen, speziell auf einen bestimmten Prozessortyp zugeschnittenen Programmiersprachen. Assembler nennt man auch die entsprechenden dazugehörenden Übersetzungsprogramme.

8.1 Betriebssystem

Betriebssystem nennt man eine Sammlung von grundlegenden Programmen, die den Betrieb eines Computers ermöglichen. Es regelt das Zusammenspiel der einzelnen Komponenten der Zentraleinheit und der angeschlossenen Peripherie. Der Betrieb eines Computers ohne Betriebssystem ist bei der Komplexität moderner EDVA nicht mehr denkbar. Das Betriebssystem ist Mittler zwischen der Hardware eines Computers und dem Benutzer bzw. seinem Anwendungsprogramm. Um einen PC mit vertretbarem Aufwand zu betreiben, ist das zum eingebauten Prozessor passende Betriebssystem für den Benutzer unbedingt erforderlich.

Betriebssystem nennt man eine Sammlung von grundlegenden Programmen, die den Betrieb eines Computers ermöglichen.

In einer von Control Data durchgeführten Stellenauswertung[1] zeigt sich, daß die Nachfrage nach Kenntnissen des IBM-Standards MVS bzw. VSE an der Spitze rangiert und Kenntnisse des Betriebssystems aus der nicht-IBM-Welt bemerkenswert niedrig nachgefragt werden, wobei Betriebssystemkenntnisse in den letzten Jahren immer mehr an Bedeutung gewonnen haben. Im Jahr 1990 hat bei mittleren Systemen UNIX die Rolle des Spitzenreiters übernommen. Das typische Betriebssystem für den Mikro-Rechner ist DOS. Es erhält jedoch immer stärker Konkurrenz durch OS/2[2].

8.1.1 Komponenten eines Betriebssystems am Beispiel DOS

DOS ist die Abkürzung für „**D**isk **O**perating **S**ystem"; das heißt für ein Betriebssystem, das für den Betrieb mit Plattenlaufwerken als externe Speicher geeignet ist. IBM vertreibt für seine PC's das Betriebssystem PC-DOS (Personal Computer-DOS). Alle Firmen, die IBM-kompatible (kompatibel = vergleichbar) PC's anbieten, liefern MS-DOS (Microsoft-DOS). Die beiden Betriebssysteme PC-DOS und MS-DOS stammen vom selben Hersteller, von der Firma Microsoft, und unterscheiden sich für den Benutzer nicht voneinander.

Ein Betriebssystem besteht im allgemeinen aus zwei Gruppen von Programmen: den Steuerprogrammen und den Dienst- bzw. Arbeitsprogrammen. Während der Benutzer Steuerprogramme nicht direkt aufrufen kann – sie verrichten in aller Stille und fast unbemerkt ihre Arbeit – sind die Dienstprogramme für ihn zugänglich.

Ein Betriebssystem besteht aus den Steuerprogrammen und den Dienst- bzw. Arbeitsprogrammen.

8.1.1.1 Steuerprogramme

Die **Steuerprogramme** regeln und überwachen die Funktionen der Komponenten des Computers. Sie steuern den Datenfluß zwischen den einzelnen Teilen der PC-Anlage und den Teilen der Systemeinheit.

Die Steuerprogramme regeln und überwachen die Funktionen der Komponenten des Computers.

Die Dateien, die Steuerprogramme enthalten, befinden sich auf jeder ladbaren (bootfähigen) Systemdiskette und erledigen zusammen mit den im ROM befindlichen Programmen die Kommunikation zwischen der Zentraleinheit und den angeschlossenen Geräten. Weitere Steuerprogramme liegen auf dem ROM, dem Festwertspeicher. Dort

1 Arbeitsmarkt 1990; Control Data Institut 1990; S. 17

2 ebenda; S. 11.

stehen zum Beispiel die Programme, die nach dem Einschalten des PC eine Überprüfung des Arbeitsspeichers und der Peripherie durchführen und schließlich den ersten Datensatz von der Systemdiskette/-platte (sogenannten Urlader) in den Arbeitsspeicher lesen. Mit diesem Trick wird ein Paradoxon gelöst: Um das Betriebssystem vom Massenspeicher lesen zu können, muß der Rechner bereits ein Betriebssystem geladen haben.

8.1.1.2 Dienstprogramme

Die **Dienstprogramme** des Betriebssystems erledigen für den Benutzer ganz allgemeine Aufgaben, wie sie durch den Betrieb einer EDVA unabhängig von spezifischen Anwendungen regelmäßig anfallen. Solche Aufgaben können beispielsweise bestehen im Prüfen von Datenbeständen auf einer Diskette/Platte, Kopieren, Sichern, Löschen, Ordnen, Anzeigen, Ändern, Drucken von Datenbeständen. Ein Teil der Dienstprogramme ist – wie die Steuerprogramme – im Zentralspeicher immer resident (ständig geladen). Weitere Dienstprogramme erscheinen gesondert im Inhaltsverzeichnis der DOS-Diskette mit ihren Namen. Einige Betriebssystemdateien sind für den Betrieb eines PC unbedingt notwendige Programmdateien. Sie werden beim Starten des PC in den Arbeitsspeicher geladen und bleiben dort während sämtlicher Verarbeitungsvorgänge „gegenwärtig" (Fachausdruck: resident).

Die Dienstprogramme des Betriebssystems erledigen für den Benutzer allgemeine Aufgaben, wie sie durch den Betrieb einer EDVA regelmäßig anfallen.

Alle **Anwendungsprogramme**, wie zum Beispiel Programme für die Finanzbuchhaltung, für die Statistik oder für die Datenbankverwaltung, benutzen die Programme des Betriebssystems, dieses muß also zunächst in den Arbeitsspeicher geladen werden. Danach wird das gewünschte Anwenderprogramm hinzugeladen. Von diesem Anwenderprogramm aus wird in der Regel dann entweder eine Nutzdatei erstellt oder eine bereits vorhandene Datei hinzu geladen. Es drängeln sich also in einer ganz normalen Anwendungssituation mehrere Programme im Hauptspeicher. Das folgende Beispiel soll das verdeutlichen:

Hauptspeicherkapazität		6555360
Betriebssystem zum Beispiel DOS 4.01	83312	
nach dem Booten noch frei		572048
Anwenderprogramm zum Beispiel Lotus 1-2-3 Vers. 2.2	240480	
nach dem Laden von Lotus 1-2-3 noch frei		331568
Nutzdatei zum Beispiel eine Lotusdatei	109952	
nach dem Laden der Datei noch frei		221616
Noch freie Hauptspeicherkapazität		**221616**

Abbildung 23: Beispiel für die Belegungssituation des Hauptspeichers

Um Speicherplatz zu sparen, benutzen die Software-Entwickler deshalb häufig folgenden Trick. Das Anwenderprogramm besteht aus einer Hauptdatei und mehreren sogenannten „overlay-Dateien", die nur im Bedarfsfall nachgeladen und anschließend wieder ausgelagert werden.

Aufgaben zur Selbstüberprüfung:

54. Was versteht man unter dem Begriff Software?
55. Wie wird die Software untergliedert?
56. Welche Aufgaben hat das Betriebssystem?
57. Welches sind typische Betriebssysteme für Großrechner, mittlere Systeme und Mikrorechner?
58. Aus welchen Komponenten besteht das Betriebssystem DOS, und was sind die Hauptaufgaben der Komponenten?

8.2 Betriebsarten

Lernziele:

Sie kennen Betriebsarten und Verarbeitungsformen der Datenverarbeitung.

EDV-Systeme können auf verschiedene Art betrieben werden. Das hängt von der Größe der Anlage und vom Betriebssystem ab. Mit einem einfachen Personalcomputer kann der Benutzer immer nur ein Programm ausführen lassen. Will er ein zweites Programm starten, muß er warten, bis das erste vollständig abgelaufen ist. Diese Betriebsart heißt Einprogrammbetrieb oder Singleprogramming. Die weitere Entwicklung wird mit dem Betriebssystem OS/2 allerdings auch für PC-Systeme einen Mehrprogrammbetrieb (multitasking) zulassen.

Bei Micro-Computern mit höher entwickelter Technik, einem MDT-Computer (**MDT** = Mittlere **D**aten**T**echnik) oder einem Großcomputer, ist es möglich, mehrere Programme parallel zu starten, die abwechselnd zu den verschiedenen Betriebsmitteln (Prozessor, Peripherie) zugreifen. Man spricht dann vom Mehrprogrammbetrieb oder von Multiprogramming.

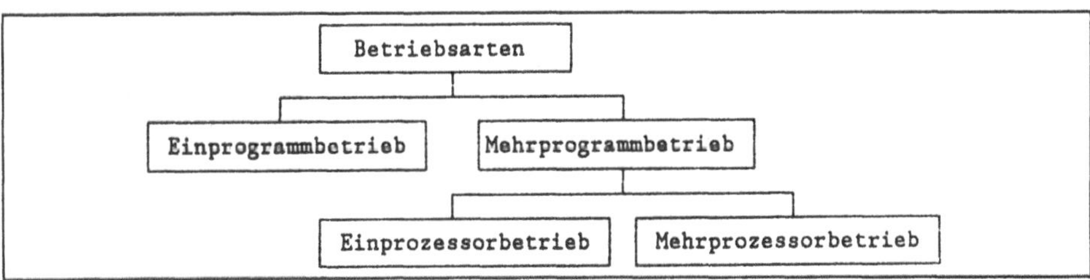

Abbildung 24: Betriebsarten

8.2.1 Einprogrammbetrieb

MS-DOS ist ein Beispiel für Betriebssysteme, die nur den **Einprogrammbetrieb** (Singleprogramming) zulassen. Das Betriebssystem ist relativ einfach aufgebaut und hat einen niedrigen Zentralspeicherbedarf, unter 100 KB. Betriebssysteme dieser Art werden sinnvoll bei Einplatzsystemen eingesetzt, weil der Benutzer dort kaum in die Lage kommt, mehrere Programme gleichzeitig anzuwenden.

Für größere EDV-Systeme, meist Mehrplatzsysteme, kommt der Einprogrammbetrieb nicht in Betracht, die Betriebsmittelauslastung der Anlage ist dabei zu ungünstig. Beispielsweise bleibt der Zentralprozessor unbeschäftigt, solange ein Drucker arbeitet oder eine Festplatte speichert. Oder Peripheriegeräte stehen still, wenn der Zentralprozessor eine aufwendige Berechnung zu bewältigen hat.

Merkmale des Einprogrammbetriebs:
- Nur ein Anwenderprogramm befindet sich im Arbeitsspeicher.
- Ein Programm nach dem anderen wird vollständig abgearbeitet.
- Jedem Programm stehen zu jeder Zeit alle Betriebsmittel zur Verfügung.
- Schlechte Auslastung der Betriebsmittel durch Wartezeiten.
- Übliche Betriebsart bei Einplatzsystemen (Personalcomputern).

8.2.2 Mehrprogrammbetrieb

Betriebssysteme, die den **Mehrprogrammbetrieb** (Multiprogramming) unterstützen, können mehrere Programme gleichzeitig in den Arbeitsspeicher laden und ablaufen lassen. Das Betriebssystem teilt den Programmen die Betriebsmittel abwechselnd zu, um den Zeitbedarf der Programme zu reduzieren. Die Programme werden miteinander zeitlich verzahnt bearbeitet. Die E/A-Werke sorgen weitgehend selbständig für die Abwicklung der Ein- und Ausgabevorgänge, so daß der Prozessor dadurch kaum belastet wird.

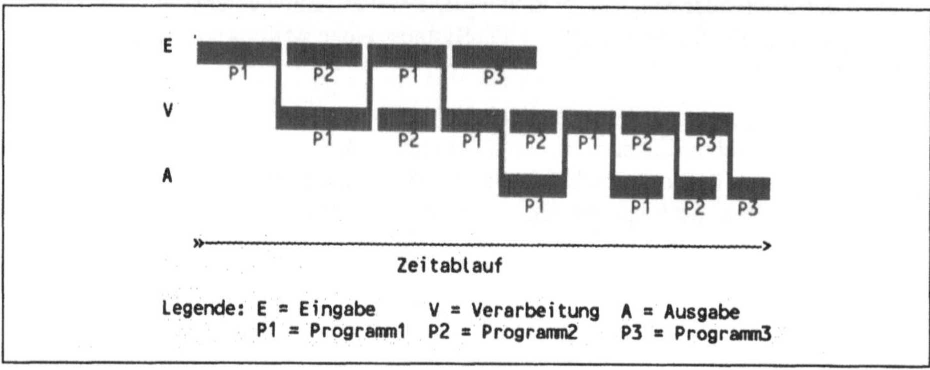

Abbildung 25: Verzahnte Verarbeitungsvorgänge im Mehrprogrammbetrieb

Das Betriebssystem besitzt die Fähigkeit, die Zuteilung der Betriebsmittel zu den Programmen selbsttätig zu optimieren, das heißt in ein bestmögliches Verhältnis zu bringen. Dem Benutzer steht darüber hinaus die Möglichkeit offen, Programme mit Prioritäten (Rangstufen) zu versehen. Infolgedessen werden bestimmte Programme bevorzugt bedient. In Abbildung 25 hat Programm 1 die höchste Priorität, es folgen in der Priorität Programm 2 und 3. In einem Mehrplatzsystem kann man beispielsweise das Managementinformationssystem mit dem Rang 1 versehen, um der Geschäftsleitung immer den schnellsten Zugriff zu den aktuellen Daten der Unternehmung zu gewähren.

Naturgemäß sind Betriebssysteme für den Mehrprogrammbetrieb komplexer und aufwendiger als Einprogramm-Betriebsysteme. Ihr Hauptspeicherbedarf liegt heute im Megabytebereich.

Merkmale des Mehrprogrammbetriebs:
- Mehrere Programme befinden sich im Arbeitsspeicher.
- Die Programme werden miteinander zeitlich verzahnt abgearbeitet.
- Das Betriebssystem teilt den Programmen die Betriebsmittel zu.
- Die Programmausführung kann durch Prioritäten geregelt werden.
- Günstige Auslastung der EDVA, Wartezeiten fallen weitgehend weg.
- Übliche Betriebsart für Mehrplatzsysteme (MDT- und Großcomputer).

Eine Sonderform des Mehrprogrammbetriebs ist unter dem Namen **Multiprocessing** bekannt. Dabei muß der Mehrprogrammbetrieb nicht von nur einem Zentralprozessor bewältigt werden. Mehrere Zentralprozessoren haben in Mehrprozessorsystemen (Computern mit mehr als einem Zentralprozessor) direkten Zugang zum gemeinsamen Hauptspeicher und den E/A-Werken. Das Betriebssystem teilt den Prozessoren die abzuarbeitenden Programme oder Programmteile zu. Bei Ausfall eines Prozessors übernehmen intakte Prozessoren die Arbeit. Im Multiprocessing läuft „echte Parallelverarbeitung" von Programmen ab, während man beim Multiprogramming von „unechter Parallelverarbeitung" spricht. Multiprocessing wird sich wegen der Zeitvorteile und wegen des Sicherheitsaspekts künftig auf Großrechnern zunehmend durchsetzen.

8.3 Formen der Verarbeitung

Im kaufmännischen Betrieb fallen täglich Belege an. Die Belege spiegeln Vorgänge im Betrieb wider. Einige Vorgänge, Umsätze, Zahlungseingänge und andere Kontenbewegungen sind für die Lenkung des Unternehmens so ausschlaggebend, daß sie schnell verarbeitet werden müssen. Die Verarbeitung anderer Vorgänge kann wieder nur in periodischen Zeitabständen erfolgen, wie zum Beispiel die monatliche Lohnabrechnung. Man unterscheidet die Verarbeitungsarten nach der Zeitspanne zwischen Datenanfall und Verarbeitung.

Wenn Daten gesammelt und zu einem späteren Zeitpunkt verarbeitet werden, spricht man von **Stapelverarbeitung** (batch processing). Dagegen ist **Dialogverarbeitung** (interactiv processing) eine Vorgehensweise, bei der man Daten unmittelbar bei ihrem Auftreten erfaßt und verarbeitet. Bei der Dialogverarbeitung unterscheidet man drei Formen: Einbenutzerbetrieb, Teilhaberbetrieb und Teilnehmerbetrieb.

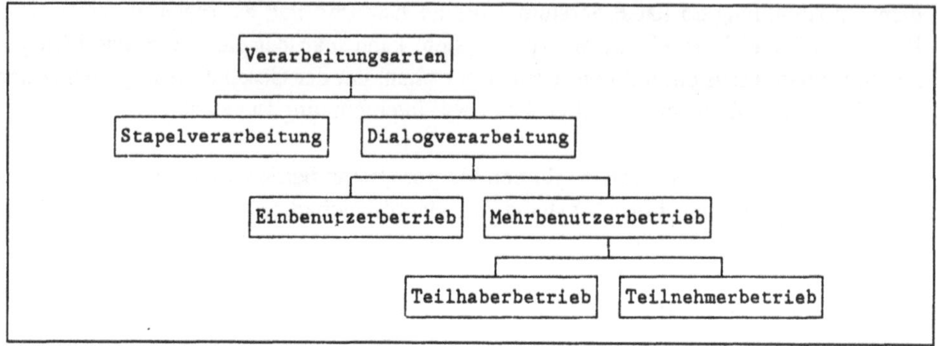

Abbildung 26: Formen der Verarbeitung

8.3.1 Stapelverarbeitung

Heute ist es nicht mehr wie in den frühen Jahren der EDV üblich, daß Betriebe ihre EDV-Anlagen ausschließlich für die **Stapelverarbeitung** einsetzen. Doch wird die Stapelverarbeitung als für bestimmte Anwendungen unentbehrliche Verarbeitungsart auch heute überall genutzt. Es findet eine Aufteilung statt in Arbeitsaufträge, die sofort, und in solche, die periodisch ausgeführt werden müssen. Aufträge zur Verarbeitung aktueller Daten erledigt man im Dialog. Periodische Arbeitsaufträge führt man der Stapelverarbeitung zu.

Bei der Stapelverarbeitung wartet der Anwender bis zu einem bestimmten Zeitpunkt (zum Beispiel Monatsende) oder bis genügend Daten eingegangen sind. Dann läßt er alle bis dahin angefallenen Daten verarbeiten. Wenn die Daten für die einzelnen Arbeitsaufträge erfaßt und den entsprechenden Programmen zugeordnet wurden, laufen die Programme ohne weitere Eingriffe des Anwenders ab. Die Folge ist ein günstiger Durchsatz[1].

Merkmale der Stapelverarbeitung:
- Sammlung der Daten bis zum Verarbeitungszeitpunkt,
- Verarbeitung der Daten in periodischen Zeitabständen,
- Anwender hat keinen Einfluß auf den Programmablauf,
- günstiger Durchsatz.

Typische Beispiele für die Stapelverarbeitung:

- Personalabrechnung,
- Abschreibungen buchen,
- Betriebsstatistik,
- Provisionsabrechnungen,
- Datensicherung.

---

1 Zeitspanne für die Erledigung eines bestimmten Aufgabenumfangs durch das EDVS

8.3.2 Dialogverarbeitung

Bei der **Dialogverarbeitung** kommuniziert der Anwender über einen Bildschirm mit einem Programm. Das Programm signalisiert seine Bereitschaft, Daten anzunehmen, der Anwender gibt Daten ein. Das Programm prüft die Eingaben, quittiert falsche Eingabedaten mit einer Nachricht, legt Daten in Dateien ab oder gibt Daten aus. Der Anwender beherrscht den Dialog in jedem Zeitpunkt, er kann ihn abbrechen oder ihm durch bestimmte Eingabedaten eine neue Wendung geben. Die Arbeitsaufträge an den Computer werden schrittweise unter ständiger Kommunikation mit dem EDVS abgewickelt. Das EDVS muß so ausgelegt sein, daß der Dialog nicht durch lange Antwortzeiten (im Durchschnitt eine Sekunde) behindert wird.

Die Dialogverarbeitung setzt die Mitarbeiter eines Betriebs in die Lage, jederzeit Rechnerleistung zur Bewältigung ihrer Aufgaben zu nutzen. Voraussetzung ist die Ausstattung der Arbeitsplätze mit Bildschirmterminals oder Mikrocomputern. Die verschiedenartigen, täglich anfallenden Daten werden sofort verbucht, der Benutzer ist in der Lage, jederzeit entsprechende Programme zu aktivieren. So kann er im Augenblick noch ein Programm benutzen, das Ausgangsrechnungen verbucht, und im nächsten Augenblick ein anderes Programm zur Verbuchung von Zahlungseingängen starten. Die Dialogverarbeitung trägt auf diese Weise viel zur Aktualität der betrieblichen Datenbestände bei.

Merkmale der Dialogverarbeitung:

- sofortige Erfassung und Verarbeitung aller Daten,
- Datenbestände sind immer auf dem letzten Stand,
- Anwender nimmt Einfluß auf den Programmablauf,
- hoher Bedienungskomfort.

Abhängig von der Größe des Computersystems und dem Betriebssystem kennt man drei verschiedene Ausprägungen der Dialogverarbeitung: den Einbenutzerbetrieb, den Teilhaberbetrieb und den Teilnehmerbetrieb.

8.3.2.1 Einbenutzerbetrieb

Der **Einbenutzerbetrieb** (single user mode) ist die Nutzungsform eines EDVS, die Ihnen vom Personalcomputer bekannt ist. **Ein Benutzer** verfügt über das System. Nur er kann arbeiten und nur **ein Programm** benutzen. Erst wenn das Programm vollständig erledigt ist, wird das EDVS für folgende Programme frei. Das Betriebssystem erledigt nur Aufgaben, die dieser Benutzer ihm stellt.

8.3.2.2 Mehrbenutzerbetrieb

8.3.2.2.1 Teilhaberbetrieb

Beim **Teilhaberbetrieb** (real time mode) bearbeiten mehrere Benutzer das gleiche Aufgabengebiet mit einem oder mehreren Anwendungsprogrammen. Eine Vielzahl gleichartiger Vorgänge, die sich auf den gleichen Datenbestand beziehen, wird an mehreren nahen oder fernen Datenstationen abgewickelt. In der Regel setzt man den Teilhaberbetrieb ein, wenn mehrere Mitarbeiter mit derselben Datenbank arbeiten sollen. Jeder Mitarbeiter löst durch spezielle Kommandos an seiner Datenstation sogenannte Transaktionen (auf die Datenbank bezogene Anweisungsfolgen) aus, die den Datenbestand der Datenbank verändern oder ihn in gewünschter Weise ausgeben.

Typische Anwendungsbeispiele für die Dialogverarbeitung im Teilhaberbetrieb:

- Personalverwaltung,
- Lagerbestandsführung,
- Platzbuchungssysteme,
- Managementinformationssysteme,
- Verwaltung der Datenbank des Rechnungswesens.

8.3.2.2.2 Teilnehmerbetrieb

Die Benutzer eines Systems mit **Teilnehmerbetrieb** (time sharing mode) arbeiten unabhängig voneinander an verschiedenen Aufgabenstellungen. Die Benutzer setzen für ihre Zwecke ganz unterschiedliche Programme ein. Es existiert kein gemeinsamer Datenbestand. Jeder Benutzer verwendet das EDVS, als stünde es ihm allein zur Verfügung. Eine Besonderheit dieses Verfahrens: Jedem Teilnehmer wird in einer bestimmten Zeitspanne (Sekundenbruchteile) die Prozessorleistung zugeteilt.

Typische Anwendungsbeispiele für die Dialogverarbeitung im Teilnehmerbetrieb:

- **Interaktives Programmieren.**
  Programmierer entwickeln und testen Programme an Datenstationen, die an dieselbe EDVA angeschlossen sind.
- **Naturwissenschaftliche Forschung.**
  Zum Beispiel Nutzung von Programmen zur Vorausberechnung von physikalischen Zuständen.
- **Anwendungen in Ingenieurbüros.**
  Zum Beispiel hat ein Büro für Baustatik eine Vielzahl unterschiedlicher Einzelberechnungen für Bauprojekte durchzuführen.

Die folgende Übersicht stellt die Formen der Nutzung eines EDVS zusammenfassend gegenüber:

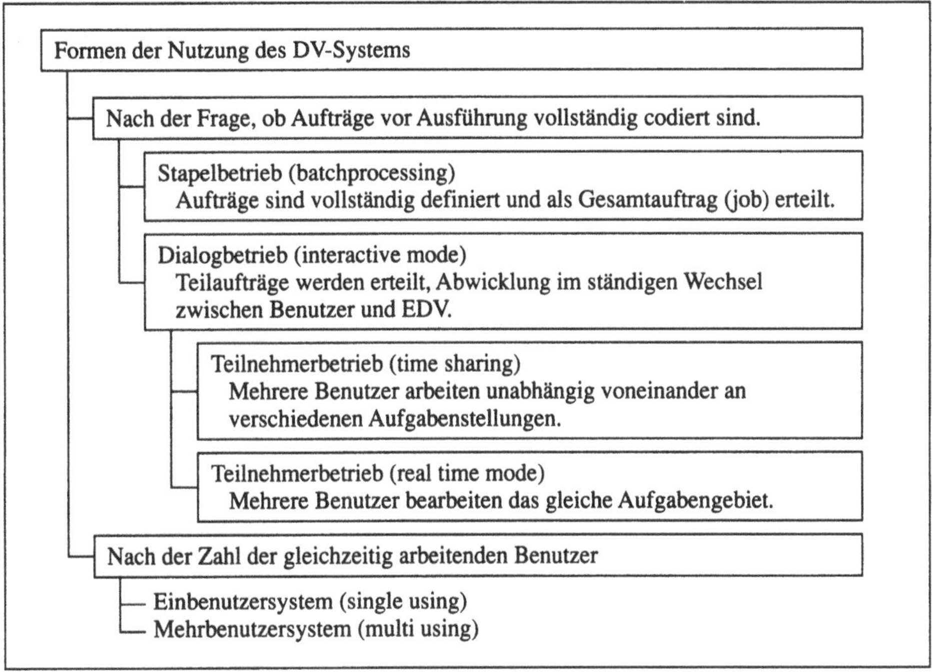

Abbildung 27: Nutzungsformen eines EDVS

8.3.3 EDV im und außer Haus

Jeder Unternehmer sieht sich vor die grundsätzliche Entscheidung gestellt, ob er die betrieblichen Daten im eigenen Haus mit eigener oder gemieteter EDVA verarbeiten möchte, oder ob er sie einem Dienstleistungsunternehmen anvertraut. Auch Mischformen dergestalt, daß Daten im Betrieb erfaßt und außer Haus verarbeitet werden, sind üblich. Ausschlaggebend ist oft die Betriebsgröße; Großbetriebe tendieren zur EDV im Haus, Klein- und Mittelbetriebe nutzen dagegen häufig fremde Rechenzentren.

Gründe für eine DV im eigenen Haus:

- Eigene Computer können nicht nur für die wichtigsten Aufgaben, wie Finanzbuchhaltung, Personalverwaltung und -abrechnung, sondern für weitere betriebsspezifische Zwecke, zum Beispiel Bürokommunikation und Textverarbeitung, genutzt werden.

- Eigene individuelle Software kann den betrieblichen Bedürfnissen genau angepaßt werden.

- Verarbeitung und Auswertung von Daten gehen ohne Zeitverlust vonstatten. Hohe Aktualität der Daten.

- Der unmittelbare Zugriff zu den betrieblichen Daten ist jederzeit möglich.
- Es entstehen keine Kosten für Datentransport oder Datenfernverarbeitung.
- Keine Abhängigkeit von den Leistungen eines Service- Rechenzentrums. Zeitpunkt und Verfahren der Verarbeitung werden selbst festgelegt.
- Die Gefahr des Zugriffs Fremder auf die eigenen Daten ist geringer. Die Maßnahmen der Datensicherung bestimmt der Unternehmer selbst.

Gründe für die DV außer Haus:

- Der Kauf einer EDVA entfällt. Da Computer schnell veralten, ist das Risiko hoch, bald auf neue Anlagen umstellen zu müssen. Außerdem entstehen keine Erweiterungsbeschaffungen infolge von Kapazitätsengpässen.
- Kosten für Softwarebeschaffung und aufwendige Programmpflege werden eingespart.
- Die eingesetzte Hard- und Software des Service-Rechenzentrums ist immer auf dem neuesten Stand.
- Die Anschaffung einer EDVA erfordert zusätzliche Kosten für den Umbau von Räumen und für die Installation. Diese Kosten entfallen.
- Die Einstellung eines oder mehrerer EDV-Spezialisten (Programmierer, Operateure) erübrigt sich ebenso, wie die permanente Schulung eigenen Personals.
- Die Kalkulation der durch die EDV außer Haus entstehenden Kosten ist einfacher und mit weniger Risiko behaftet.
- Der Umfang der notwendigen Datensicherungsmaßnahmen ist relativ gering.

Aufgaben zur Selbstüberprüfung:

59. Welche Betriebsarten zum Betrieb eines EDVS kann man unterscheiden?
60. Durch welche Merkmale ist der Mehrprogrammbetrieb gekennzeichnet?
61. Was versteht man unter Stapelverarbeitung? Nennen Sie Beispiele!
62. Was versteht man unter Dialogverarbeitung? Welche Vorteile hat diese Form der Verarbeitung?
63. Was versteht man unter DV außer Haus? Nennen Sie Gründe für DV außer Haus!

8.4 Anwendersoftware

Lernziele:

Sie kennen die gängige Anwendersoftware und deren Benutzeroberfläche.

Programme für die Lösung von benutzerspezifischen Problemstellungen heißen Anwenderprogramme. Während das Betriebssystem unabhängig von den Aufgaben ist, für die der Computer eingesetzt wird, braucht man für unterschiedliche Aufgabenstellungen die dafür erstellten Programme.

Anwendersoftware in der Groß-EDV wird durch zwei Aufgabengebiete dominiert. Zum einen sind hier die „C-Anwendungen" im technischen Bereich zu nennen. (CAD[1], CIM[2]). Fast 60 Prozent aller Stellenangebote mit DV-Kenntnissen verlangen nach Kenntnissen auf diesem Gebiet[3]. Den Standard bei kaufmännisch administrativen Aufgaben setzt SAP[4]. In derselben Studie wurde erhoben, daß mehr als ein Drittel aller Stellenangebote Kenntnisse in SAP-Modulen verlangten.

8.4.1 Standardsoftware

Als Standardsoftware werden Programme bezeichnet, die Bedürfnisse eines großen Kreises von Anwendern befriedigen. Infolge ihrer Beliebtheit und des daraus resultierenden hohen Absatzes bleibt der Preis für Standardprogramme niedrig im Verhältnis zu ihrem ursprünglichen Herstellungsaufwand.

Typische Standardanwendungen sind für PC's **Textverarbeitung** (zum Beispiel Word, Wordperfekt, pcText, Wordstar), **Tabellenkalkulation** (zum Beispiel Lotus1-2-3, Multiplan), Graphik (zum Beispiel Chart, Harvard Graphics oder integrierte Pakete mit Tabellenkalkulation und Graphik wie zum Beispiel Lotus1-2-3, Open Access, und **Datenbankverwaltung** (zum Beispiel dBASE, RBase). Programme für diese Anwendungen lassen sich in fast jedem Betrieb einsetzen. Die bereits erwähnte Control-Data-Studie belegt dies ebenfalls:

1 **CAD** = Computer Aided Design

2 **CIM** = Computer Intergrated Manufacturing

3 Arbeitsmarkt 1990; Control Data Institut; München 1990; S. 19

4 SAP-AG Walldorf; software-Haus

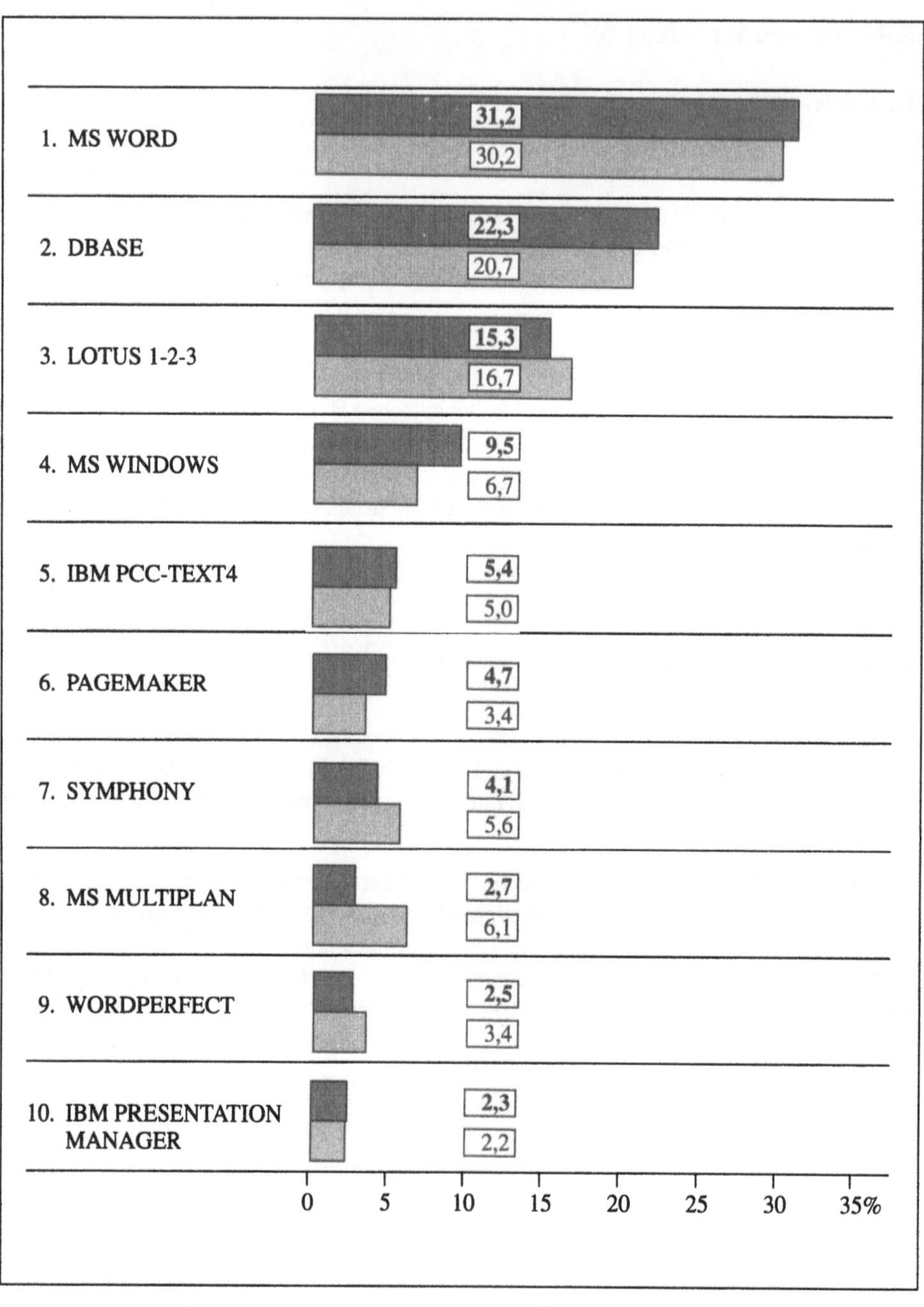

Abbildung 28: Stellenangebote nach Kenntnissen in PC-Standard-Software
Quelle: Arbeitsmarkt 1990; CDI München[1]
Legende: oberer Balken 1990, unterer Balken 1989

1 Arbeitsmarkt 1990; Control Data Institut; München 1990; S. 16

8.4.2 Individuelle Software

Der Begriff **individuelle Software** umfaßt Programme für die Bearbeitung besonderer Problemstellungen. Individuelle Software wird oft in Auftragsarbeit für einen ganz speziellen Einsatzzweck hergestellt.

Als Programmiersprachen werden dabei hauptsächlich C, Cobol, RPG, Assembler, PL/1, Fortran und Pascal eingesetzt. Cobol und C nehmen dabei die Spitzenplätze ein. Trotz der großen Verbreitung im „Hobbycomputing" hat BASIC im professionellen Einsatz praktisch keine Bedeutung. Qualifikationen in der Programmiersprache C sind auf den erhöhten Anteil von UNIX-System zurückzuführen.

Auf dem PC-Markt gibt es in größeren Stückzahlen produzierte branchenspezifische Programme. Beispiele für individuelle Software sind Programme für die Steuerung eines Atomreaktors, den Autopilot eines Flugzeugs, die Hochrechnung von Wahlergebnissen, die Buchführung der Kreditinstitute, die Heiz- und Nebenkostenabrechnung der Hausverwaltungen. Individuelle Software sind für spezielle Aufgaben der Anwender entwickelte Programme.

Eine der wichtigsten Anwendungsbereiche auf Basis der Großrechner ist Datenbanksoftware zum Speichern und Wiederfinden von Daten. Hinzu kommen Datenkommunikationssysteme, die Daten von der Zentraleinheit zu Terminals, Druckern und anderen angeschlossenen Rechnern transportieren. In den letzten Jahren haben sich dabei verstärkt relationale Datenbanksysteme (DBS, SQL/DS, ORACLE) durchgesetzt und gegenüber den hierarchischen Datenbanksystemen wie DL/1 IMS aufgeholt. Es bleibt aber festzustellen, daß für Großrechner der Standard durch IBM gesetzt wird.

8.4.3 Branchensoftware

Von A wie Apotheken bis Z wie Zeitschriftenhandel gibt es auf dem Software-Markt ein breites Angebot an speziellen branchenbezogenen Programmen. Jährlich erscheinen umfangreiche Kataloge, zum Beispiel der ISIS-Katalog mit einer Beschreibung der Produkte einschließlich der Anforderungen an die Hardware.

8.5 Benutzeroberfläche

Die rasante Verbreitung der EDV durch PC auch in Kleinbetriebe bis hin zu Privatpersonen führt dazu, daß immer mehr Personen ohne DV-Kenntnisse mit der Datenverarbeitung konfrontiert werden. Der Anwender kommt über die Benutzeroberfläche mit der Maschine in Kontakt. Insbesondere die Software kann durch die Gestaltung der Benutzeroberfläche dem Anwender den Umgang mit dem Rechner wesentlich erleichtern.

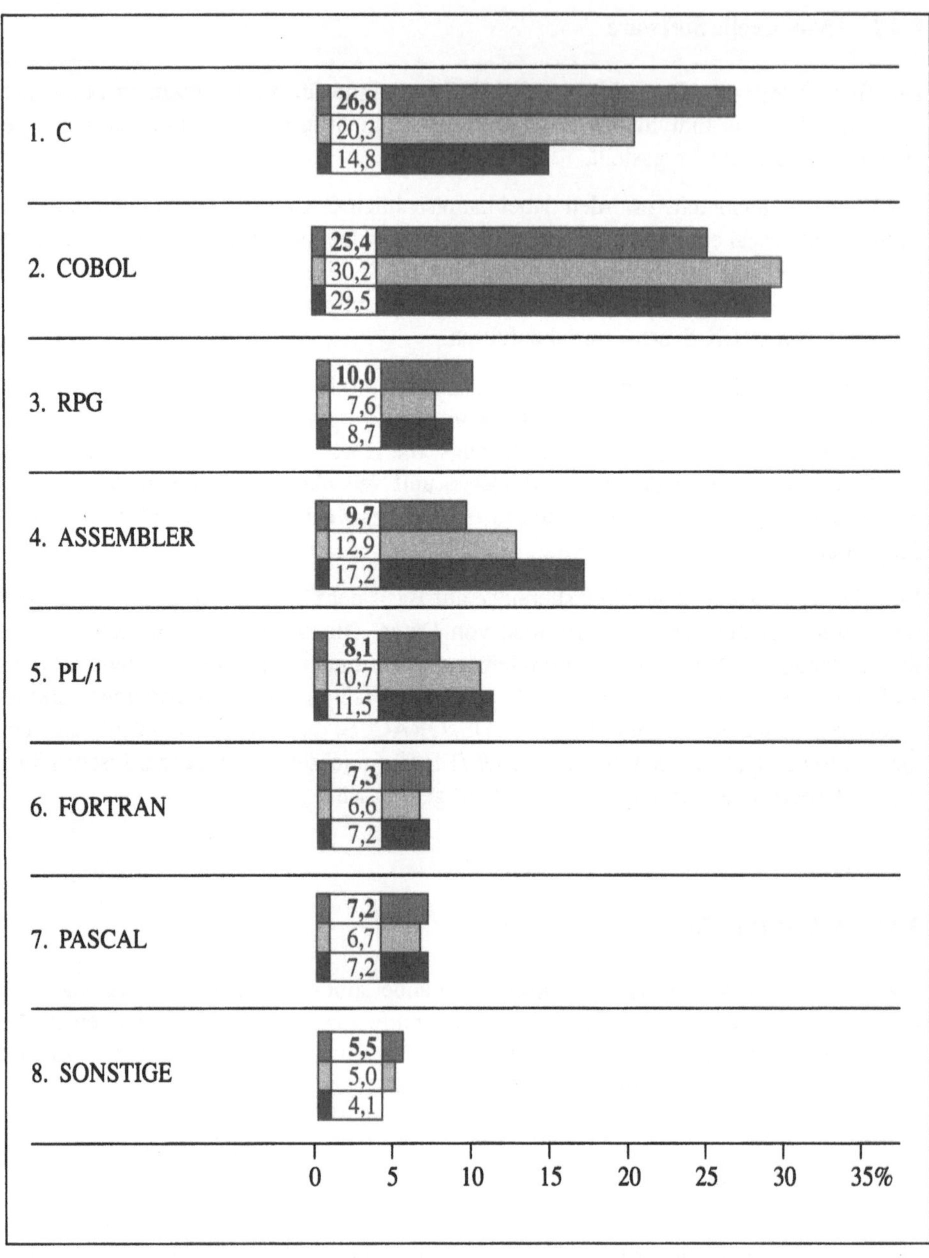

Abbildung 29: Stellenangebote nach Kenntnissen in Programmiersprachen
Quelle: Arbeitsmarkt 1990; CDI München[1]
Legende: oberer Balken 1990, mittlerer Balken 1989, unterer Balken 1988

1 Arbeitsmarkt 1990; Data Control Institut; München 1990; S. 14

8.5.1 Menütechnik

Statt die Eingabe von Kommandos zu verlangen, bieten moderne Softwaresysteme dem Benutzer über Menüs Auswahlmöglichkeiten an. Durch Ansteuern der Optionen mit dem Cursor, der Maus, oder durch Eingabe der Anfangsbuchstaben wird die Auswahl getroffen. Das Beispiel Abbildung 30 zeigt das Hauptbefehlsmenü des Programms Lotus 1-2-3[1] in der Version 2.2. Lotus 1-2-3 ist ein Tabellenkalkulationsprogramm mit integrierter Grafik und Datenbank.

Die erste Zeile zeigt die Auswahlmöglichkeiten des Menüs. Die darunter liegende Zeile gibt dem Benutzer Informationen über das gerade markierte Kommando der ersten Zeile. In Abbildung 30 ist das Kommando **Grafik** ausgewählt, die zweite Zeile zeigt die weiteren Kommandos des markierten Befehls **Grafik**.

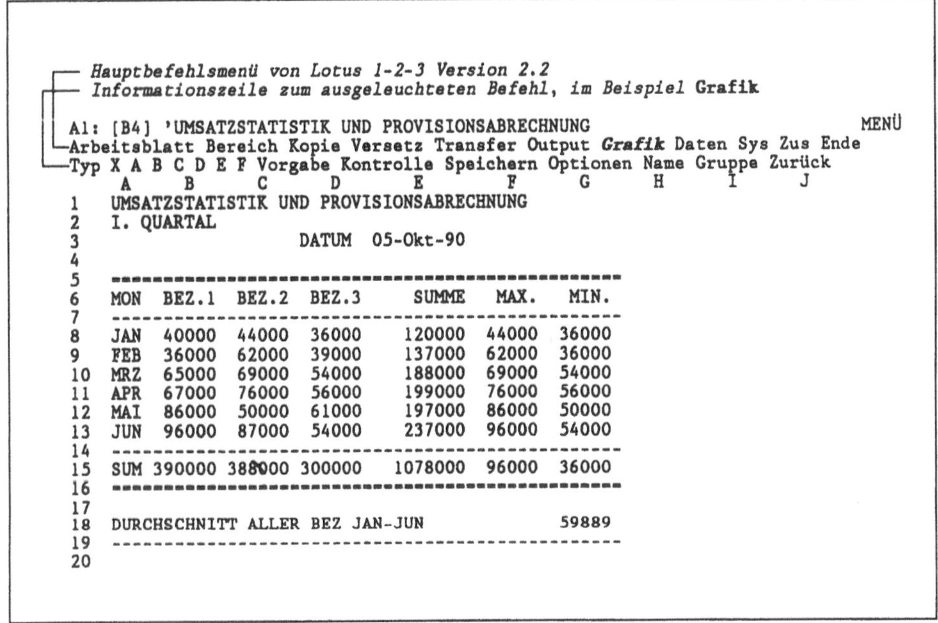

Abbildung 30: Hauptbefehlsmenü von Lotus 1-2-3 Version 2.2 mit einem Beispiel für eine Umsatzstatistik

Immer beliebter werden pull-down-Menüs. Auch hier gibt es eine Befehlszeile, beim Markieren eines Kommandos „rollt" dann die Information über das Kommando nach unten ab. Im Beispiel Abbildung 31 wird dies am Programm dBASE III+[2] gezeigt. Der Befehl **Auswahl** ist markiert. Der „Rolladen" darunter zeigt, welche weiteren Kommandos unter dem Befehl **Auswahl** möglich sind.

1 Lotus 1-2-3 ist ein Warenzeichen der Lotus-Development GmbH

2 dBASE ist ein Warenzeichen von Ashton-Tate

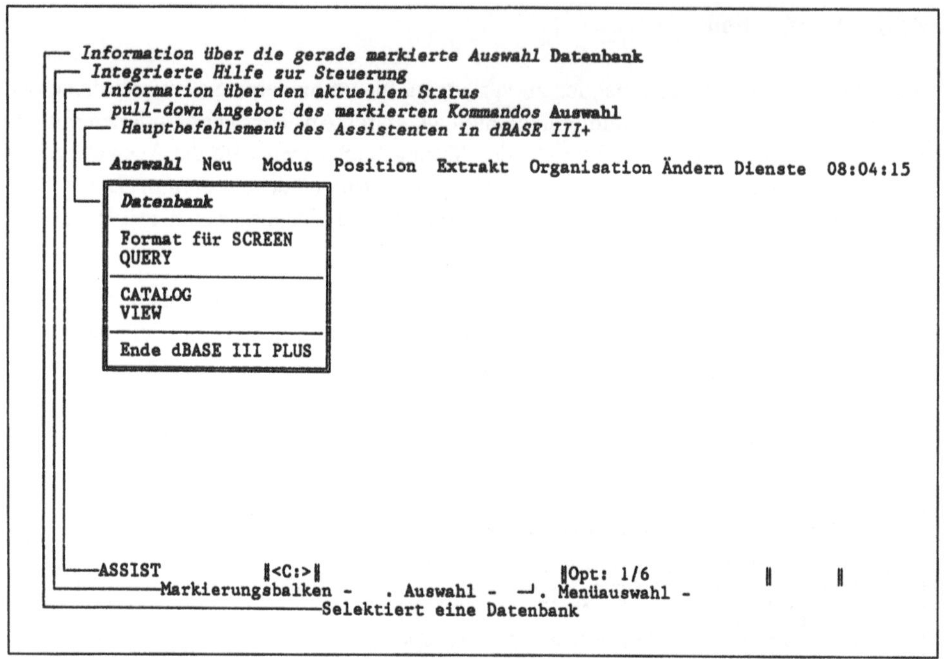

Abbildung 31: pull-down-Menü am Beispiel dBASE

8.5.2 Hilfefunktion

Der Anwender muß bei dieser Form des Dialogs die Kommandos und weitere von der Software zur Verfügung gestellte Funktionen kennen. Entweder indem er diese auswendig lernt, oder durch Nachschlagen im Handbuch bzw. durch ergänzende Literatur. Diese aufwendige und umständliche Prozedur wird bei den meisten Software-Produkten durch eine integrierte Hilfe-Funktion erleichtert. Der Anwender kann sich Informationen über zur Verfügung stehende Kommandos und Funktionen im Dialog abrufen.

Im Beispiel Abbildung 30 soll in der Zelle G18 ein Mittelwert berechnet werden. Der Benutzer kann im Programm Lotus 1-2-3 mit der Funktionstaste [F1] die Hilfe-Funktion aufrufen und erhält dann das Angebot wie Abbildung 32. Die Berechnung des Mittelwerts ist eine mathematische Funktion. Er steuert deshalb mit dem Cursor die Auswahlmöglichkeit **@Funktions-Index** an und betätigt die Taste **Return**. Diese Information wird dem Anwender auch im unteren Bereich des Bildschirms **1-2-3 Hilfe-Index** geliefert.

```
1-2-3 Hilfe-Index

Über d. 1-2-3 Hilfesystem       Makrotasten-Namen              1-2-3 Hauptmenü
Angabe v. Bereichen             Modusanzeigen                  /Arbeitsblatt
Aufgaben-Index                  Neuberechnen                   /Bereich
Bedienfeld                      Operatoren                     /Daten
Bereichs-Grundlagen             Spaltenbreiten                 /Ende
Eingabe v. Daten                Statusanzeigen                 /Grafik
Fehlermeldungs-Index            Tastatur-Index                 /Kopie
Formeln                         Undo-Funktion                  /Output
Funktionstasten                 Verbinden v. Formeln           /Sys
Makrobefehls-Index              Zellformate                    /Transfer
Makrogenerierungsfunktion       Zell-/Bereichsadressen         /Versetz
Makro-Grundlagen                @Funktions-Index               /Zus

Heben Sie das gewünschte Thema mit einer Zeigertaste hervor und drücken Sie
RETURN. Mit der RÜCKTASTE gehen Sie zu dem vorherigen Hilfetext. Um das Hilfe-
system zu verlassen und in das Arbeitsblatt zurückzugehen, drücken Sie ESC.
```

Abbildung 32: Hilfe-Funktion am Beispiel Lotus 1-2-3, Hauptmenü Hilfe-Index

Ist diese Auswahl erfolgt, so werden im nächsten Bildschirm die zur Verfügung stehenden Funktionen des Programms angezeigt. Man muß sich dann über die Kategorien der Funktionen über die statistischen Funktionen bis zum Mittelwert weiter auf dem Suchbaum bewegen, bis schließlich die gewünschte Erklärung insbesondere über die Syntax des Kommandos **@MITTELWERT** gegeben wird.

```
A1:                                                                  HILFE

@Funktionen -- Fortsetzung

        @MITTELWERT(Argument-Liste)
            Berechnet den Mittelwert der Werte in Argument-Liste.

        @MITTE(Zeichenfolge;Startnummer;Längennummer)
            Ermittelt ab dem Zeichen bei Startnummer n Zeichen aus einer
            Zeichenfolge (einschließlich Leer- und Satzzeichen).

        @MOD(x;y)
            Berechnet den Rest (Modulus) von x/y.

        @MONAT(Datumseriennummer)
            Rechnet den Monat, d.h. eine Ganzzahl von 1 (Januar) bis 12
            (Dezember), in eine Datumseriennummer um.

Weiter              Zurück            @Funktions-Index              Hilfe-Index
```

Abbildung 33: Hilfe-Funktion von Lotus 1-2-3 am Beispiel der Funktionsbeschreibung Mittelwert

8.5.3 Fenstertechnik

Viele moderne Software-Produkte lassen die sogenannte Fenstertechnik zu. Dabei wird die Bildschirmfläche in mehrere Fenster aufgeteilt, in denen unabhängig voneinander gleichzeitig mehrere Dateien bearbeitet werden können. Im Beispiel der Abbildung 34 ist das Programm WORD von Microsoft in der Version 5.0 geladen. Wie beim Beispiel Lotus 1-2-3 ist das Hauptbefehlsmenü sichtbar; es befindet sich in diesem Fall am unteren Bildschirmrand und besteht aus zwei Zeilen. Darunter befindet sich die Informationszeile mit Informationen über den gerade markierten Befehl. Der Bildschirm wurde in zwei Ausschnitte (Fenster) geteilt. im Ausschnitt 1 ist die Datei CDG_SAM.TXT, im Ausschnitt 2 die Datei CDG_FAX.TXT geladen. Diese Information ist der unteren Linie des Begrenzungsrahmens zu entnehmen.

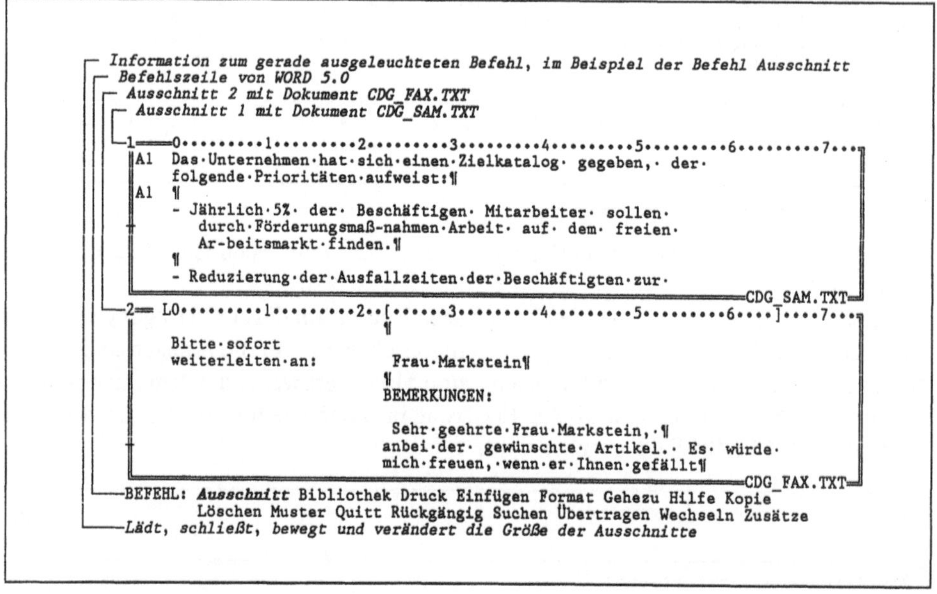

Abbildung 34: Fenstertechnik am Beispiel des Textverarbeitungsprogramms WORD Version 5.0

Die folgende Abbildung zeigt ein weiteres Beispiel für das Arbeiten mit Fenstern auf der Basis des **SAA-Standards**[1]. In Abbildung 35 wird der DOS-Manager von 3COM abgebildet, wobei in verschiedenen Fenstern unterschiedliche Laufwerkdarstellungen gezeigt, ein Verzeichnisbaum dargestellt und für die Menüoption **File** das pull-down-Menü wiedergegeben wird.

1 System Application Architecture; IBM

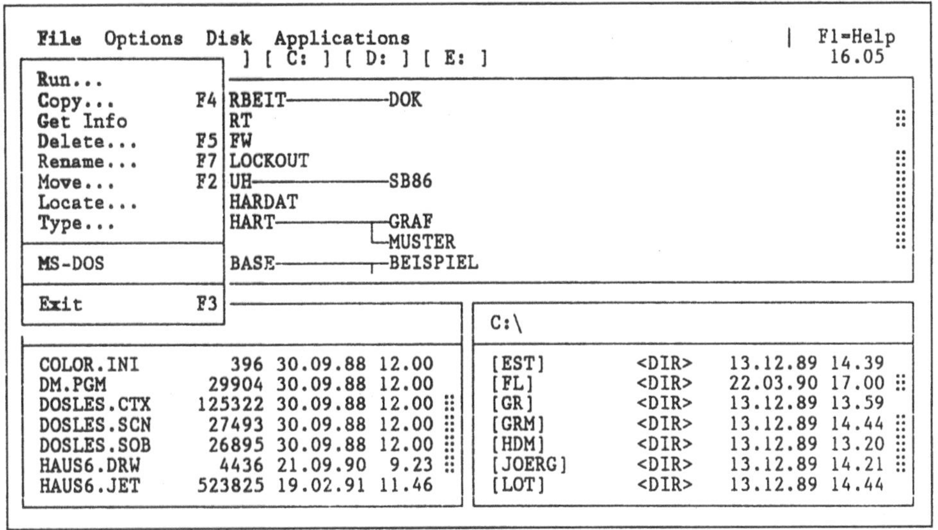

Abbildung 35: Beispiel für den SAA-Standard der Benutzeroberflächen

Die Weiterentwicklung der Betriebssysteme zum Beispiel mit OS/2 gibt der „Fenstertechnik“ eine neue Dimension. Nicht nur mehrere Dateien können gleichzeitig bearbeitet werden, sondern es wird möglich, mehrere Programme praktisch gleichzeitig zur Verfügung zu stellen. Durch Öffnen und Schließen der Fenster wird die jeweils gewünschte Funktion aktiviert.

8.5.4 Graphische Benutzeroberflächen

Graphische Benutzeroberflächen mit pull-down-Menüs werden immer beliebter, da sie ausgesprochen anwenderfreundlich sind. Bei größeren Anlagen und auf PC's (OS/2, Windows) setzt sich dabei der SAA-Standard durch.

Immer schnellere Prozessoren, größere Hauptspeicher, die Preisentwicklung der Hardware hat dazu geführt, daß an Stelle von Textinformationen mit schwierigem Vokabular symbolisierte Realobjekte zur Kommandosteuerung zur Verfügung gestellt werden (zum Beispiel Radiergummi, Papierkorb, Drucker, Monitor). Solche Piktogramme erleichtern in Verbindung mit Zeigeeinrichtungen wie der Maus besonders DV-Unkundigen das Arbeiten. Das Beispiel der Abbildung 36 zeigt die Menütechnik mit pull-down und Piktogrammen für Laufwerke und Dateikennzeichnungen.

Hinzu kommt, daß der Benutzer eine Datei auf dem Bildschirm so aufbereiten kann, wie es dem späteren Ausdruck entspricht. Das Wortungetüm WYSIWYG (what you see is what you get) hat sich dafür eingebürgert. Das Beispiel Abbildung 37 zeigt eine Layout-Kontrolle im Textverarbeitungsprogramm WORD Version 5.0. Dabei wurde eine in Lotus 1-2-3 erstellte Graphik in ein Textdokument eingebunden.

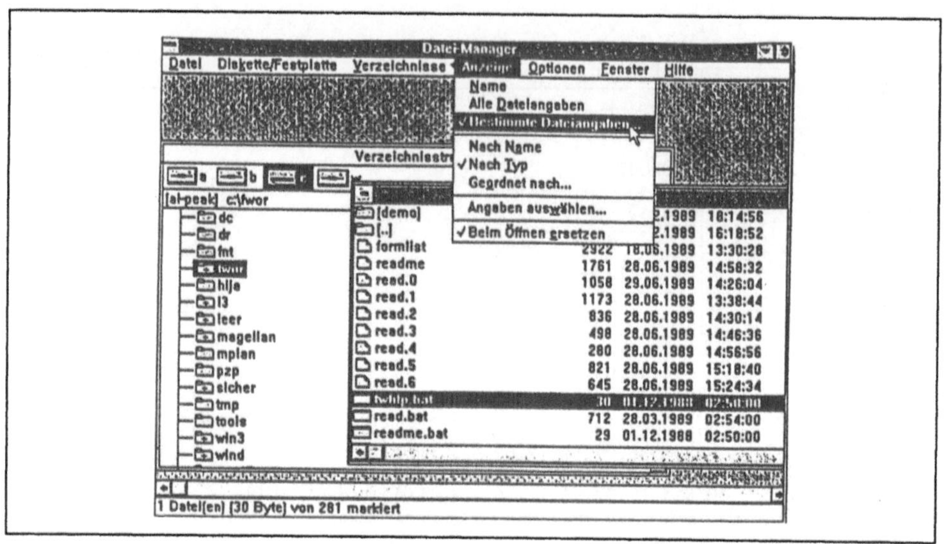

Abbildung 36: Beispiel für eine graphische Benutzeroberfläche; Dateimanager von Windows 3.0

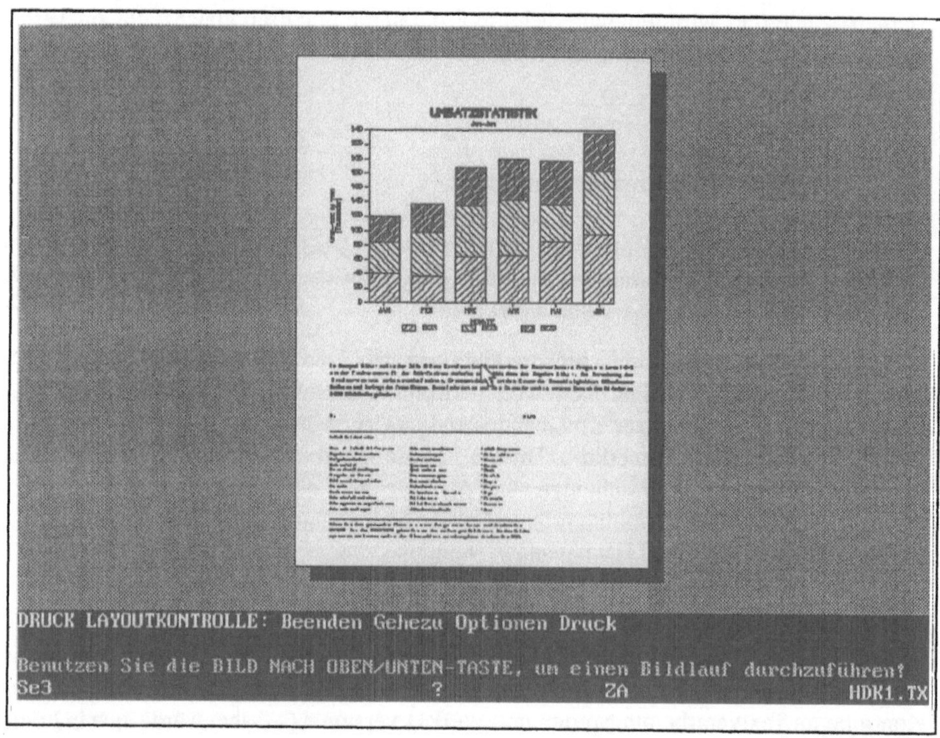

Abbildung 37: Beispiel WYSIWYG

Aufgaben zur Selbstüberprüfung:

64. Welches sind die beiden Haupteinsatzgebiete der Groß-EDV, und wie unterscheiden sich diese in bezug auf die Rechnerintensität?
65. Was sind typische Standardanwendungen auf dem Mikrorechner (PC)?
66. Nennen Sie Beispiele für häufig verwendete Standardprogramme für den Mikrorechner (PC)!
67. Was versteht man bei Anwenderprogrammen unter dem Begriff Menü?
68. Was ist ein pull-down-Menü?
69. Was versteht man unter dem Begriff Hilfefunktion?
70. Was versteht man unter graphischen Benutzeroberflächen?

9. Datenkommunikation

9.1 Grundbegriffe

Unter **Datenkommunikation** wollen wir den Datenaustausch zwischen Datenstationen verstehen. Als Datenstationen können Geräte dienen, die vorwiegend Ein- und Ausgabefunktionen erfüllen, zum Beispiel Bildschirmgeräte, Belegleser, Drucker. In Zukunft werden als Datenstationen mehr Geräte mit eigener Intelligenz, zum Beispiel Personalcomputer und Workstations, eingesetzt.

Unter Datenkommunikation versteht man den Datenaustausch zwischen Datenstationen.

Der Datenaustausch erfolgt über einen Datenübertragungsweg, der eine mehr oder minder große Distanz überbrückt. Auf dem Übertragungsweg können die Daten sehr unterschiedliche Übertragungsmedien passieren (Koaxialkabel, Telefonleitung, Lichtleiter, elektromagnetische Wellen sowie entsprechende Signalwandler, Verstärker, Brücken, Koppler, Steuereinheiten usw.).

Datenstationen, die auf ein gemeinsames Übertragungsmedium zugreifen und darüber kommunizieren, bilden ein Netzwerk. Abhängig von der räumlichen Ausdehnung der Netze und der Entfernung der Datenstationen voneinander, unterscheidet man lokale Netze (local area networks, LANs), Ortsnetze (metropolitan area networks, MANs), Fernnetze (wide area networks, WANs) und globale Netze (global area networks, GANs).

Bei LANs befinden sich alle Datenstationen einer Unternehmung innerhalb derselben Grundstücksgrenze. LANs entziehen sich der Maßgabe staatlicher Kommunikationsordnungen; sie werden in eigener Verantwortlichkeit betrieben. MANs befinden sich noch im Entwicklungsstadium. Sie überschreiten die Grundstücksgrenzen und verbinden Arbeitsstätten in einem oder in benachbarten Ortsnetzen miteinander, wobei sie einerseits LANs miteinander koppeln, andererseits auch den Anschluß an WANs herbeiführen. WANs bilden nationale Fernnetze und Netze innerhalb von Kontinenten. GANs stellen die weltweiten Verbindungen zwischen den Kontinenten her. Solche Netze bedienen sich der Nachrichtensatelliten.

9.2 Interne Netze

Lernziele:

> Sie kennen den Aufbau, die Funktionsweise und den Nutzen von lokalen Netzwerken.

Aus betrieblicher Sicht können wir **interne** und **externe Netze** unterscheiden. Zu den internen Netzen im weitesten Sinne gehören alle unternehmungsweiten Datenstationen und Übertragungsmedien. Dabei können interne Netze auch über posteigene Übertragungseinrichtungen verknüpft sein, wenn die Datenstationen auf verschiedenen Grundstücken stehen. Im engeren Sinne ist der Begriff interne Netze identisch mit lokalen Netzwerken (inhouse networks). Die folgende Betrachtung in diesem Abschnitt soll sich auf lokale Netzwerke beschränken.

Die rasche Verbreitung lokaler Netzwerke ist auf verschiedene Nutzungsaspekte und Zielsetzungen zurückzuführen:

- Zugriff auf im Netz verfügbare Ressourcen, die auf mehreren Arbeitsplätzen gebraucht werden: Im Netzwerk verfügbare Ressourcen bestehen aus zentralen Datenbeständen (Datenbanken) für die Zusammenarbeit mit anderen Arbeitsplätzen, aus Programmbibliotheken (zum Beispiel Standardprogrammen) und Hochleistungs- bzw. Schönschreibdruckern.
- Kommunikation zwischen Arbeitsplätzen (zum Beispiel electronic mail).
- Ablage der für eine lokale Arbeitsstation zu großen Datenbestände auf File-Server-Stationen mit entsprechend großen Massenspeichern.
- Übernahme der Datensicherungsfunktion für die angeschlossenen Netznutzer durch die File-Server-Stationen.
- Informationstechnische Verbindung von mehreren betrieblichen Bereichen durch Kopplung von bereichsspezifischen Teilnetzen.
- Verbindung von Großrechnern mit Personalcomputern (host-link) durch Kopplung über lokale Netze.
- Investionskostenerwägungen: Computeranlagen der mittleren Datentechnik können in vielen Fällen durch preisgünstigere LANs ersetzt werden.

Lokale Netzwerke verbinden Datenstationen miteinander und ermöglichen Kommunikation, den Zugriff auf entfernte Datenmengen und die Nutzung teurer Ressourcen.

9.2.1 Topologien

Die Art und Weise, wie Datenstationen miteinander und mit Knotenpunkten verbunden sind, bezeichnet man als Topologie. Die **Topologie** beschreibt die Verbindungsstruktur in einem Netzwerk.

Als topologische Grundformen kennt man:

- Stern (Schneeflocke),
- Ring,
- Linie (Bus).

Beim **sternförmigen Netz** gibt es einen zentralen Knoten bzw. eine Vermittlungseinrichtung, in der Regel einen Rechner, der die Anforderungen der angeschlossenen Datenstationen bedient. Alle Nachrichten laufen über den zentralen Vermittler. EDV-Anlagen, die im Mehrbenutzerbetrieb (Teilnehmer-, Teilhaberbetrieb) laufen, weisen in der Regel Sternstruktur auf. Auch Telefonnebenstellenanlagen besitzen Sternstruktur. ISDN-Nebenstellenanlagen lassen sich in Zukunft, ebenfalls für die Datenkommunikation, also auch für die Bildung von LANs nutzen.

Die im Sternnetz auftretenden Verzögerungszeiten bei der Nachrichtenübertragung hängen von der Menge und Qualität der Teilnehmeranforderungen und in hohem Maße von der Leistungsfähigkeit des Knotenrechners ab. Ein Ausfall des zentralen Rechners legt das ganze Netz still.

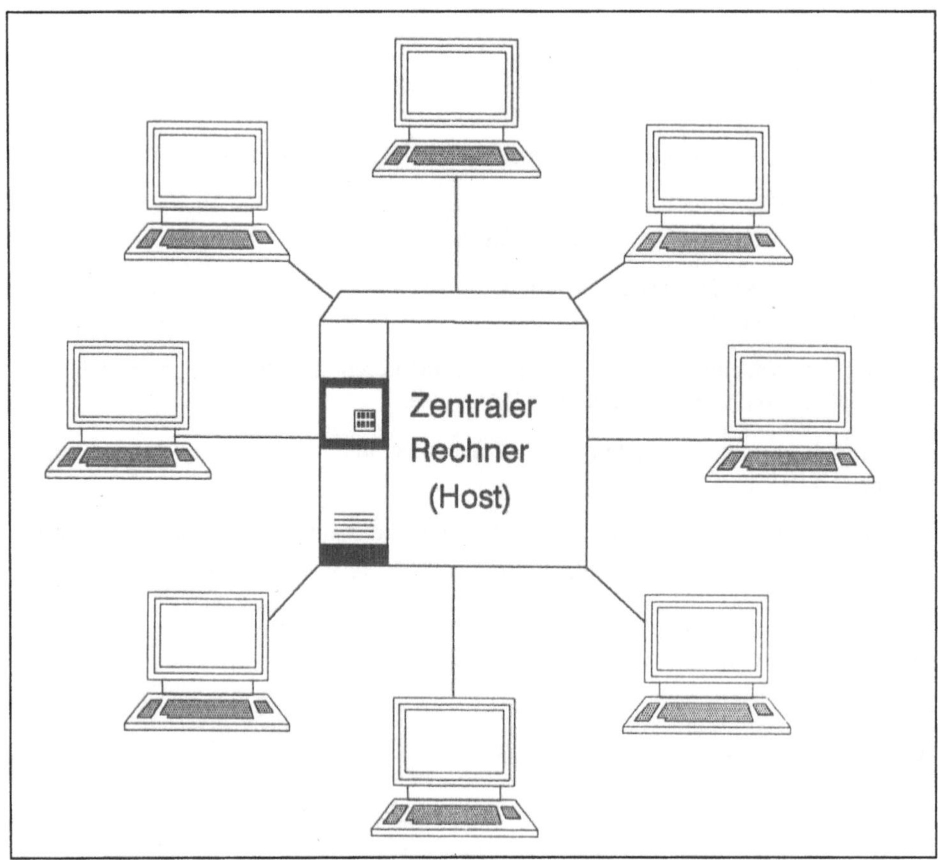

Abbildung 38: EDVA in Sterntopologie

Die **Ringtopologie** findet sich nur in lokalen Netzwerken. Die Netzstationen, in der Regel Personalcomputer, sind ringförmig aneinander gekoppelt. Die Daten fließen unidirektional von Station zu Station. Jede Station empfängt Daten, speichert sie zwischen und sendet sie an die nächste weiter, das heißt, kreisende Daten passieren alle Netzstationen.

In einem ringförmigen Netz ist weder eine zentraler Rechner noch sind Server notwendig. Auch Signalverstärker sind entbehrlich, weil die Sendeleistung einer Station nur bis zur nachfolgenden reichen muß. Neben der netzwerkspezifischen Übertragungsgeschwindigkeit (zur Zeit ≤ 16MBit/s) sind für die Dauer einer Nachrichtenübertragung vor allem die Anzahl der zwischenspeichernden Stationen und die Leistungsfähigkeit ihrer E/A-Werke (Adapterkarten) maßgebend.

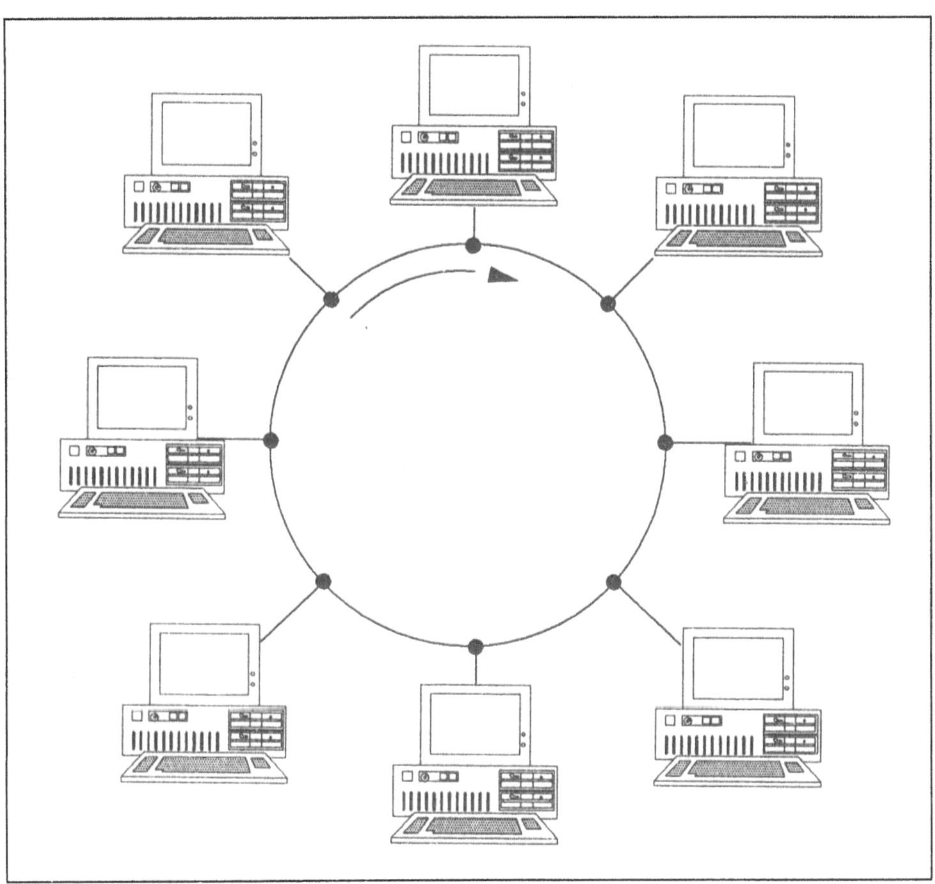

Abbildung 39: Lokales Netz in Ringtopologie

Ein Nachteil des Rings: Fällt eine Station aus, bricht das ganze Netz zusammen. Dieser Nachteil wird durch **Umgehungsleitungen** (Bypass) geheilt. Heute verwendet man sogenannte **Ringleitungsverteiler**, um Netzstationen im Ring zu verbinden. Im Ringleitungsverteiler, einer Box mit mehreren Steckanschlüssen, wird der Ring auf sehr kleinem Raum dargestellt. Jede Netzstation wird durch eine Stichleitung in den Anschluß auf den im Ringleitungsverteiler vorhandenen Ring geführt. Das bedeutet, alle Leitungen von den Netzstationen kommen an einer zentralen Stelle zusammen. Falls nun eine Netzstation ausfällt oder nicht arbeitet, kann der mit einem Mikroprozessor ausgestattete Ringleitungsverteiler einen automatischen Kurzschluß schalten und den ruhenden Anschluß überbrücken. Die Funktionssicherheit des Netzes hängt dadurch vom Ringleitungsverteiler ab.

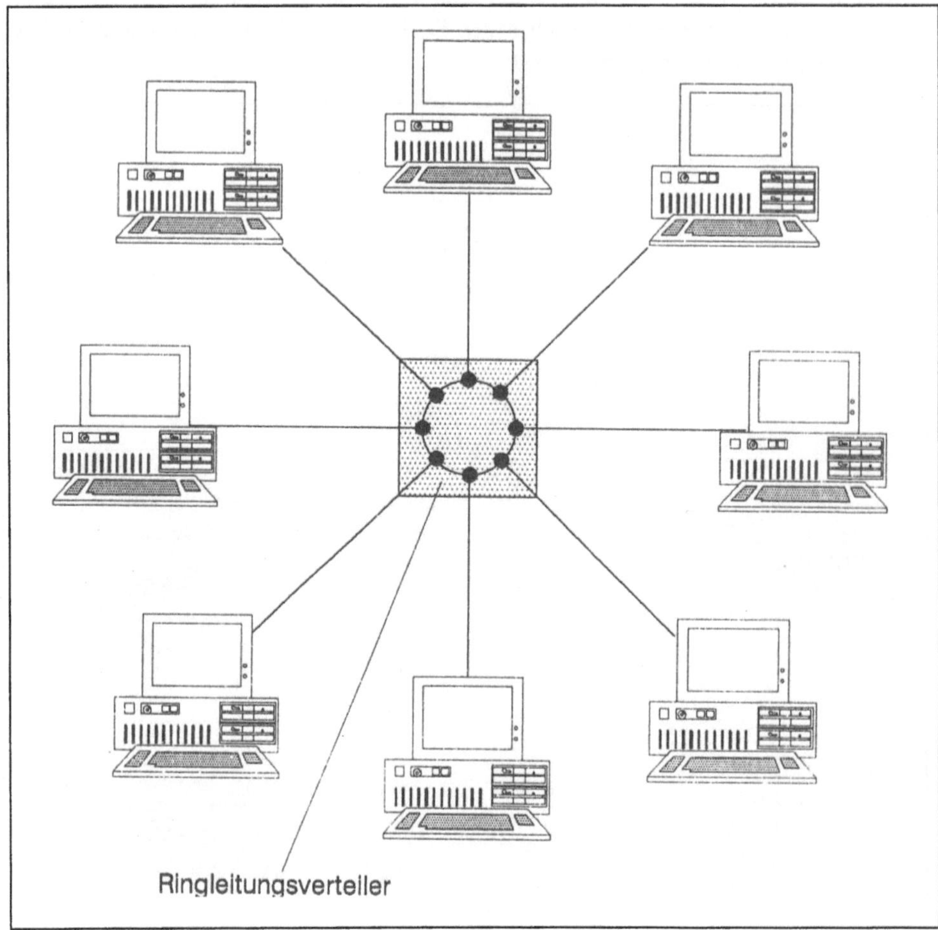

Abbildung 40: Ring mit Ringleitungsverteiler

Die Konfiguration mit Ringleitungsverteiler führt scheinbar zu einer Sternstruktur, dennoch bleiben die Eigenschaften des Rings erhalten. Man spricht von einem **physikalischen Stern**, der in logischer Hinsicht ein Ring ist.

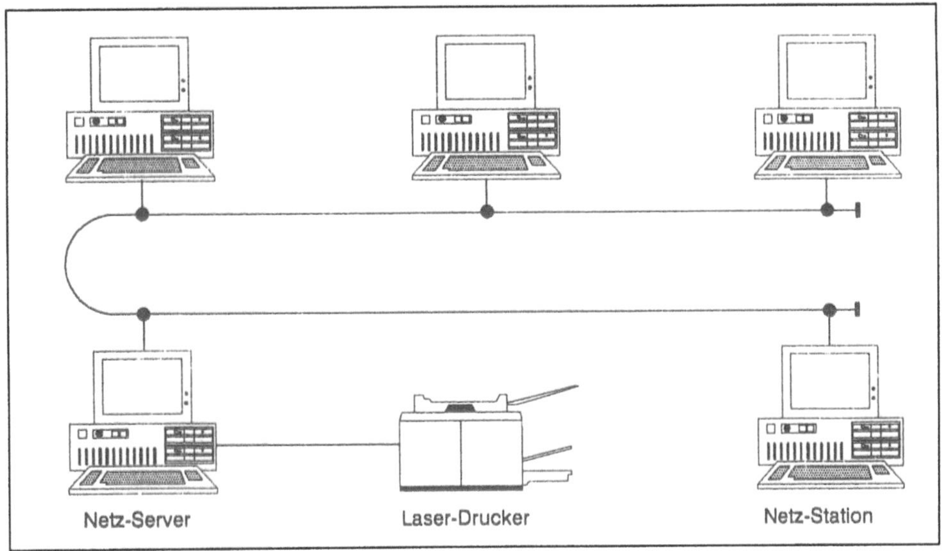

Abbildung 41: Lokales Netz in Busstruktur

Netze in Busstruktur haben die mit Abstand weiteste Verbreitung gefunden. Am Bus (Linie), einem durchgehenden gemeinsamen Übertragungsmedium (zum Beispiel Koax-Kabel, 2-Draht-Leitung), sind alle Stationen angeschlossen. Während beim Ring alle Netzstationen mit Stichleitungen an den Ringverteiler anzuschließen sind, wird in Bussystemen das Kabel von Raum zu Raum durchgeschleift. Dabei beachtet man die nach Norm zulässigen Gesamtlängen für das Übertragungsmedium. Jede Nachricht, die eine Station auf dem Medium absetzt, verbreitet sich nach allen Seiten und erreicht sämtliche anderen Stationen (Rundfunkprinzip). Alle Stationen hören die Nachricht ab, aber nur die betroffene wird aktiv.

Der **Zeitverlust** bei der Übertragung **ist geringer** als bei der Zwischenspeicherung im Ring. Ausfälle von Netzstationen haben keinen Einfluß auf die anderen Teilnehmer. Die Busstruktur erfordert ein oder mehrere Server. Server sind Rechner, die wie Netzstationen angeschlossen werden, jedoch Verwaltungsaufgaben im Netz übernehmen. Sie führen verschiedene Serviceleistungen aus. Hier eine Auswahl: Der File Service verschafft den Zugang an gemeinsam nutzbare Massenspeicher, zum Beispiel Magnetplatten hoher Kapazität. Den Zugriff auf Drucker regelt der Print-Service, während der Name-Service die Kennungen und Paßwörter der Teilnehmer registriert. Ein Server ist in der Lage, mehrere Services zu versehen.

Die Ausweitung eines LAN kann auf Grenzen stoßen: maximale Leitungslängen, zulässige Anzahl von Netzstationen. Ein Ausweg besteht darin, **Signalverstärker** (repeater, nicht in Ring-LANs) einzusetzen. Mit zunehmender Größe von Netzen, steigen die Wartungsprobleme. Es empfiehlt sich, Netze in Subnetze aufzuteilen und sie durch Brücken (bridges) zu koppeln. Auch die Kopplung von Netzwerken mit unterschiedichen

Topologien, zum Beispiel Ring und Bus, ist mittels Brücken möglich. Dadurch lassen sich beliebig große LAN-Systeme aufbauen. **Gateways** schaffen die Verbindung vom LAN zum WAN (wide area network, Fernnetz) oder zum Großrechner (Hostrechner), das heißt, sie eröffnen die Kommunikation zwischen unterschiedlichen Systemwelten.

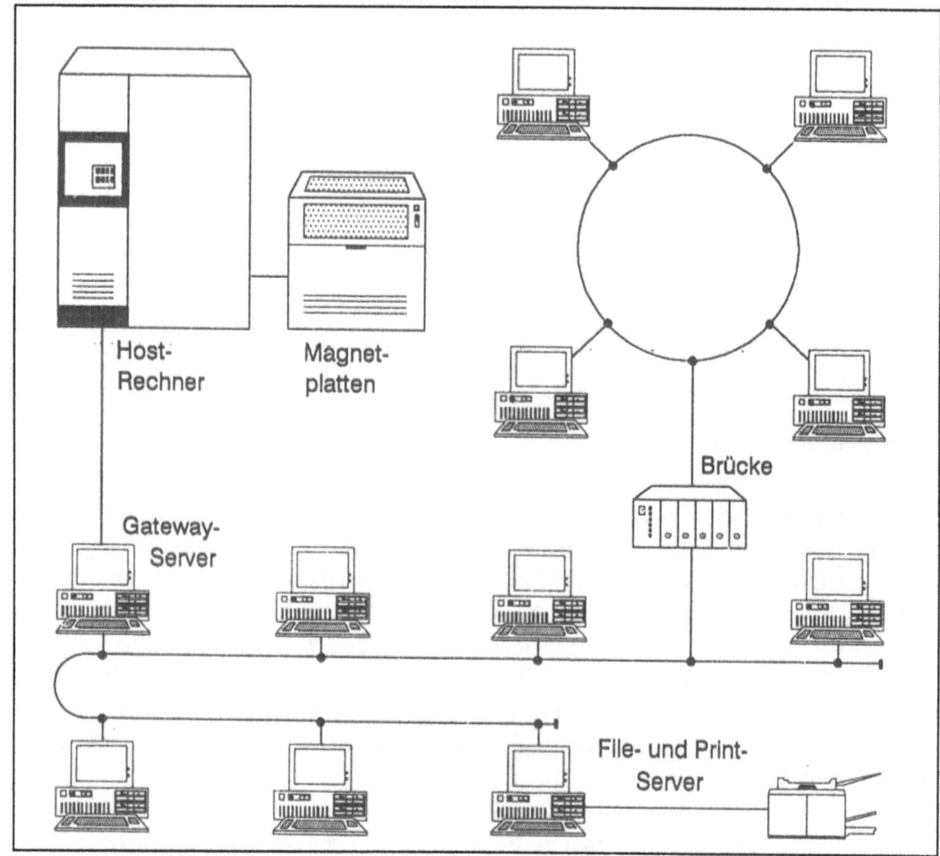

Abbildung 42: Gekoppelte Netzwerke mit Anschluß an einen Hostrechner

9.2.2 Standards für Zugangsverfahren

Als Medium für die Datenübertragung in lokalen Netzen bezeichnet man alle Leitungen[1], Signalverstärker und Kopplungseinrichtungen. Ideal wäre es, wenn alle Teilnehmer im Netz jederzeit den Zugang zum Übertragungsmedium hätten. Doch ist die gleichzeitige Übertragung mehrerer Nachrichten verschiedener Teilnehmern nicht möglich. Deshalb wurden Verfahren entwickelt mit dem Ziel, Teilnehmern den geregelten Zugang mit geringem Zeitverlust und ohne Informationsverfälschung zu erlauben. Die beiden bekanntesten Verfahren sind Token Ring und Ethernet.

---

1 Abgeschirmte oder nicht abgeschirmte Zwei- und Vierdrahtkabel, Koaxkabel, Lichtwellenreiter

9.2.2.1 Token Ring

Der **Token-Ring**-Standard wurde von IBM entwickelt. Wie der Name sagt, wird das Verfahren in einem Netz mit Ringtopologie eingesetzt. Der Standard beschränkt sich auf lokale Netzwerke. Der Token Ring bedient sich eines kontrollierten Zugangsverfahrens, das Datenkollisionen ausschließt.

Im Ring kreist ein spezielles Bitmuster, Token[1] genannt. Ein sendewillige Netzstation muß das Token vom Netz nehmen und seine Form ändern. Dadurch wird das ursprünglich zirkulierende „Frei-Token" zu einem „Belegt-Token". An das Belegt-Token hängt die Station über ihr Netzinterface[2] Adresse und Nachricht an. Das ganze Paket wird nun von Interface zu Interface weitergereicht, bis das Interface des Empfängers die Adresse als die eigene identifiziert. Der Empfänger kopiert die im Datenpaket enthaltene Nachricht, ändert das Quittungsfeld auf „empfangen" ab und bringt die vollständige Nachricht wieder in Umlauf. Auf diese Weise kehrt sie zum Absender zurück, der sie vom Ring nimmt. Darauf setzt er ein neues Frei-Token auf das Übertragungsmedium ab.

Problemfälle, wie Verlust des Token, endlos kreisendes Belegt-Token usw., werden durch entsprechende Fehlerbehandlungsroutinen, die jede Station ausführen kann, erledigt. Token-Ring-LANs sind derzeit mit Nennübertragungsgeschwindigkeiten von 4MBit/s und 16MBit/s zu haben. Hier muß man anmerken: Die Übertragungsgeschwindigkeiten sollten nicht überbewertet werden. Für den Netznutzer sind die zu erwartenden Antwortzeiten bzw. Wartezeiten ausschlaggebend. Sie haben nicht nur mit den Übertragungsgeschwindigkeiten zu tun, sondern vor allem mit dem Zugangsverfahren, der Konzeption der Netzinterfaces, der Anzahl der aktiven Netznutzer und der Koppler, sowie der jeweiligen Netzlast.

9.2.2.2 Ethernet

Ethernet, auch nach seinem Zugangsverfahren als CSMA/CD[3] bekannt, wurde für linienstrukturierte LANs entwickelt. Das Verfahren versucht Zugriffskonflikte zu vermeiden, schließt sie jedoch nicht aus. Auftretende Datenkollisionen erfahren eine entsprechende Behandlung, so daß eine Verfälschung von Daten ausgeschlossen ist.

In einem Ethernet-LAN können im Gegensatz zum Token Ring alle Teilnehmer spontan auf den Übertragungskanal, den Bus, zugreifen (multiple access). Eine sendewillige Station überwacht den Übertragungskanal (carrier sensing). Sendet gerade ein anderer Netznutzer, setzt sie die Überwachung solange fort, bis der Kanal frei ist. Danach beginnt die sendebereite Station mit der Übertragung. Während der Übertragung hört die Station den Kanal weiterhin ab. Sobald eine Kollision auftritt, beendet der Sender die Übertragung sofort und wartet, um einen neuen Versuch zu starten. Infolge der hohen Übertragungsge-

---

1 Engl. token = Zeichen

2 Für das Netzwerk spezifisches Ein-/Ausgabewerk, zum Beispiel Interfacekarte im PC eines Teilnehmers

3 Engl. carrier sense multiple access with collision detection

schwindigkeit von 10MBit/s und der relativ kleinen Datenpakete (frames) (mindestens 64, maximal 1518 Bytes) kommen Kollisionen sehr selten vor. Die Datenpakete durchlaufen die Distanz vom Sender zum Empfänger frei von Verzögerungen (außer durch Brücken und Koppler); sie werden nirgendwo zwischengespeichert.

Aufgaben zur Selbstüberprüfung:

71. Was versteht man unter dem Begriff Topologie, und welche Topologien kennen Sie?
72. Welches sind die Gründe für die rasche Ausbreitung von lokalen Netzwerken?
73. Wie heißen die beiden bekanntesten Zugangsverfahren für lokale Netzwerke?

9.3 Externe Netze

Lernziele:

Sie kennen die Möglichkeiten und Einsatzgebiete der Datenfernkommunikation.

Fernnetze[1], die die Kommunikation unter voneinander unabhängigen Teilnehmern zum Ziel haben, sind externe Netze. Sie verbinden Rechner über größere geographische Distanzen (> 10 km). Ein Kriterium für externe Netze bildet die Nutzung der Fernmeldewege der Post. In vielen Fällen verknüpft man eine Reihe von internen Netzen mit Hilfe von Fernmeldediensten, das heißt mittels externer Netze. Eine Sonderstellung innerhalb der Fernnetze nehmen unternehmenseigene Netzwerke ein, die Nachrichtensatelliten als ein Übertragungsmedium verwenden. Sie können aus betrieblicher Sicht nicht als externe Netze eingestuft werden, sondern eher als weltweite Inhouse-Netze.

Fernnetze verbinden einzelne Teilnehmerstationen und ganze Netzwerke über weite Strecken zum Zweck der Kommunikation und der Datenübertragung.

9.3.1 Topologien

Im Gegensatz zu lokalen Netzwerken nutzen Fernnetze sehr unterschiedliche Übertragungsmedien, zum Beispiel verschiedenartige Kupferkabel, Lichtwellenleiter, terrestrische Richtfunkstrecken und Nachrichtensatelliten. Eine entsprechende Vielfalt von Topologien ist möglich.

1 Engl. wide area network, WAN

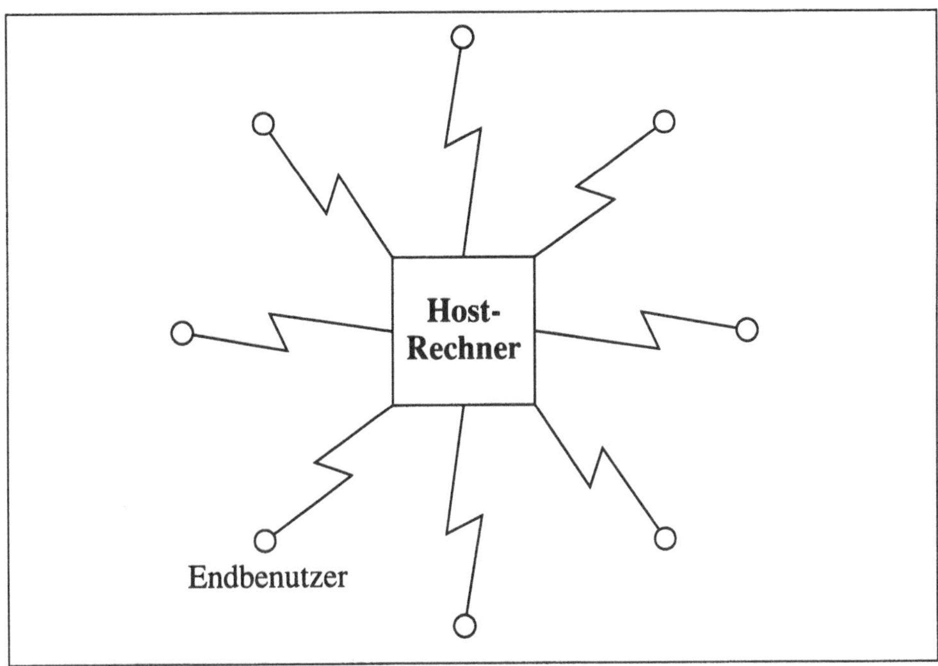

Abbildung 43: Sternförmiges Fernnetz

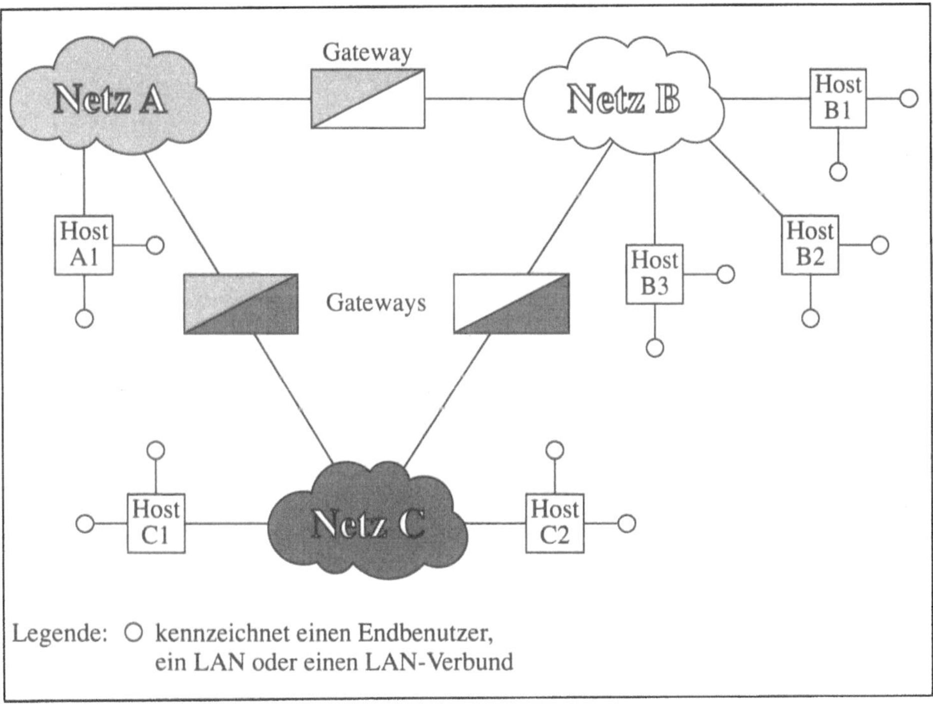

Abbildung 44: Verbund von Netzwerken mit Knotenrechnern

In Fernnetzen findet man am häufigsten die **Sterntopologie**. An einen zentralen Rechner (Host) sind mehrere Endbenutzer über Fernmeldewege[1] angeschlossen. Als Endbenutzer kann man sich einzelne Stationen oder Gateways zu lokalen Netzwerken vorstellen. Die zweite Variation ermöglicht aus dem lokalen Netzwerk heraus den Zugriff auf zentrale Rechner. Der zentrale Rechner mag ein firmeneigener Rechner sein, an den Zweigstellen angeschlossen sind, oder die EDV-Anlage eines Servicerechenzentrums. Es kann sich auch um einen posteigenen Rechner handeln, wie zum Beispiel im Falle des Telebox-Systems[2]. Die Datenübertragung erfolgt meist über das Datex-P-Netz (vgl. Abschnitt 9.3.2.3).

Mit zunehmender Ausdehnung nehmen Fernnetze oft **Baumstruktur** an. Das ist immer dann der Fall, wenn mehrere Sternnetze in eine hierarchische Anordnung gebracht werden.

Die Endbenutzer bzw. deren lokale Netzwerke sind an Rechner angeschlossen, die den Zugang zu Fernnetzen bewerkstelligen. Die Fernnetze können mit anderen Fernnetzen gekoppelt sein. Beispiele für solche Netzwerkstrukturen bieten die Mailboxsysteme[3], von denen weltweit hunderte existieren und miteinander über Gateways kommunizieren. Viele davon sind untereinander durch Gateways verknüpft. Der Versand von Mitteilungen über die Grenzen eines Netzwerks hinweg, erfordert Knotenrechner, die die Aufgabe der Wegewahl (routing) übernehmen können. Man nennt sie Router. Router für den globalen Datenverkehr führen Tabellen, die Informationen über alle existierenden Teilnetze enthalten. Solche Routing-Tabellen besitzen mindestens folgende Einträge:

- die Adresse des Zielnetzes,
- die Anzahl der dazwischen liegenden Netze oder Router,
- das als nächstes zu wählende Netz,
- der auf dem Weg nächste Router.

Jede Nachricht wird vom Sender mit einer Netz- und einer Hostadresse versehen, damit die Nachricht den Kommunikationspartner sicher erreicht. Nachrichten können mehrere Netze durchlaufen, bis sie den Adressaten erreichen. Die Router berechnen immer den kürzesten Weg vom Sender zum Empfänger. Die Verbindungswege sind meist entweder Punkt-zu-Punkt-Verbindungen oder paketvermittelnde Netze der nationalen Fernmeldeunternehmen. Inkompatible Datenübertragungssysteme verbinden Gateway-Rechner miteinander. Gateways koppeln lokale Netze (LANs) und Fernnetze (WANs) sowie unterschiedliche Fernnetze.

---

1 Engl. remote station

2 Telebox = Mailboxstation, elektronisches Postfachsystem der Bundespost TELECOM

3 Zum Beispiel:
MAUS deutsch
EUNET europäisch
USENET international,

> 100000 Rechner,
>7000000 Teilnehmer

9.3.1 Datenkommunikationsnetze

In Leistungsfähigkeit und Tarifstruktur sehr unterschiedliche Fernmeldenetze dienen der Datenkommunikation. Das beste Fernmeldenetz gibt es nicht, die Entscheidung für eines dieser Netze muß für den konkreten Anwendungsfall getroffen werden. Während das Telefonnetz ursprünglich für die Sprachübertragung gedacht war, heute jedoch auch Daten transportiert, sind DATEX-L (Datex mit Leitungsvermittlung) und DATEX-P (Datex mit Paketvermittlung) speziell für die Datenübertragung geschaffene Netze der Post. ISDN wird das universale Fernmeldenetz der Zukunft sein.

9.3.2.1 Telefon

Das Telefonnetz ist ein öffentliches Wählnetz für den Fernsprechverkehr. Da es das größte und dichteste Netz ist und weltweit über 500 Millionen Teilnehmer verbindet, liegt der Wunsch nahe, es auch zur Datenübertragung zu nutzen. Da das Telefonnetz für die (analoge) Sprache geschaffen wurde, müssen zur Übertragung von (digitalen) Daten Zusatzeinrichtungen, Modems bzw. Akustikkoppler, eingesetzt werden. Sie setzen beim Sender die digitalen Signale in analoge um (Modulation). Nachdem die analogen Signale (Frequenzen zwischen 1700 und 2100 Hz) dem Empfänger zugeleitet wurden, verwandelt sie dieser wieder in digitale Signale (Demodulation). Von **Mod**ulation/**Dem**odulation kommt das Kunstwort „Modem“. Damit bezeichnet man eine Einrichtung, die beide Vorgänge ausführen kann. Um einen Rechner an das Telefonnetz anzuschließen, schaltet man zwischen seine serielle Schnittstelle und die Telefonschnittstelle ein Modem oder einen Akustikkoppler[1]. Die Datenübertragungsrate im Telefonnetz erreicht 4800 Bit/s. Der Anschluß von Rechnern an eine Telefonwählleitung empfiehlt sich, wenn relativ kleine Datenmengen in kurzer Zeit zu übertragen sind oder wenn nur gelegentlich ein Datenaustausch mit Partnern stattfindet.

9.3.2.2 DATEX-L

DATEX-L ermöglicht die Kommunikation zwischen Anschlüssen durch eine Direktverbindung von Leitungen (Leitungsvermittlung) wie im Telefonnetz. Nach dem Aufbau einer Verbindung ist zwischen den kommunizierenden Partnern eine Leitung durchgeschaltet. Gegenüber dem Telefonnetz hat DATEX-L jedoch den Vorzug größerer Übertragungssicherheit und -geschwindigkeit (bis 64 KBit/s). Die miteinander kommunizierenden Anschlüsse müssen mit gleicher Übertragungsgeschwindigkeit senden und empfangen. DATEX-L eignet sich für kurzfristige Verbindungen (wegen zeit- und entfernungsabhängiger Gebühren). Beispiele für die Nutzung von DATEX-L sind der Beleg-

1 Akustikkoppler sind Modems, die über Lautsprecher und Mikrofon mit dem Telefonhörer gekoppelt werden, während reine Modems direkt mit der Telefonleitung verbunden sind.

verkehr der Banken oder die stapelweise Übertragung von Daten bei Großkaufhäusern zum Nachttarif. Das DATEX-L-Netz bietet gute Möglichkeiten, große Datenmengen in kurzer Zeit zu übertragen.

9.3.2.3 DATEX-P

Mit **DATEX-P** hat die DBP 1980 ein modernes Verfahren des Datenaustauschs auf Basis einer weltweiten Norm (X.25) eingeführt, das Übertragungsgeschwindigkeiten bis zu 48KB it/s gestattet. DATEX-P-Anschlüsse kommunizieren über die Adressen von „Datenpaketen" (Paketvermittlung) miteinander. Die Datenpakete der Teilnehmer enthalten außer dem nutzbaren Inhalt (maximal 1024 Bits) Angaben über Ursprung, Bestimmung, Länge des Datenpakets usw. Die sendende Datenstation gibt die Pakete an eine Datenvermittlungsstelle auf. Von dort werden sie an die Datenvermittlungsstelle[1] weitergereicht, an die der Empfänger angeschlossen ist. Die kommunizierenden Datenstationen dürfen mit unterschiedlichen Übertragungsgeschwindigkeiten arbeiten. DATEX-P-Gebühren sind abhängig vom übermittelten Datenvolumen, Entfernung und Zeit spielen dabei keine Rolle. Interessant ist DATEX-P für Anwendungen, bei denen über längere Zeit hinweg relativ kleine Datenmengen übertragen werden. Das ist immer im Dialogverkehr der Fall, zum Beispiel bei Reisebuchungen und Datenbankabfragen. Der Zugang zum DATEX-P-Netz erfolgt normalerweise über einen Hauptanschluß oder über das Telefon. Der Zugang über DATEX-L ist auch machbar. Im professionellen Bereich mit hoher Nutzungsrate wird man den teureren DATEX-P-Hauptanschluß wählen. Er gestattet einen schnellen Verbindungsaufbau. Im privaten Bereich oder bei geringerer Frequentierung lohnt es sich eher, die DATEX-P-Vermittlungsstelle über das Telefon anzuwählen, um dann zu senden.

9.3.2.4 ISDN

Wie andere Industriestaaten führt die DBP seit 1988 das **ISDN**[2] genannte digitale Fernmeldenetz ein. Damit wird ein unökonomischer Zustand beseitigt, der durch das Betreiben mehrerer voneinander unabhängiger Fernmeldenetze entstanden ist. ISDN nutzt die bestehenden Telefonleitungen. Die über dieses Netz übermittelten Nachrichten, Sprache und Daten, werden künftig in digitaler Form übertragen. Besondere Modulationsverfahren ermöglichen es, mehrere digitale Datenströme auch dann getrennt zu halten, wenn sie durch eine gemeinsame Leitung fließen. Die Dienste Telex, Teletex, Telefax, DATEX-P usw. verwenden künftig ebenfalls das digitale Telefonnetz. ISDN ist also nichts anderes als ein digitales Fernsprechnetz für alle Sprach- und Datenübertragungsdienste. Die wichtigsten Vorzüge von ISDN: Der Benutzer braucht nur eine Teilnehmernummer, unter der

1 Netzknotenrechner mit gepufferten Leitungsein- und -ausgängen
2 Integrated Services Digital Network

er bis zu acht Endgeräte für Daten, Sprach- oder Bildinformation installieren kann; hohe Übertragungsgeschwindigkeit (bis 128 KBit/s); zwei Endgeräte können gleichzeitig betrieben werden (mit je 64KBit/s); einheitliche Schnittstellen für alle Endgeräte; Einsatz multifunktionaler Geräte, zum Beispiel ein Mehrdienstegerät für Sprach-, Daten- und Textkommunikation.

9.3.3 Datenkommunikationsdienste

9.3.3.1 Telex

Das Fernschreib- oder **Telex**netz besteht schon seit über 50 Jahren. Das Telexnetz bietet grenzüberschreitende Textkommunikation und ist für diesen Zweck das bisher am weitesten verzweigte Netz. Mit einem Vorrat von 54 Zeichen ist der Telex-Code sehr eingeschränkt (nur Groß- oder Kleinschreibung). Die Übertragungsgeschwindigkeit beträgt 50 Bit/s, also circa sechs Zeichen in der Sekunde. Jeder Teilnehmer braucht einen besonderen Postanschluß und ein Fernschreibgerät.

9.3.3.2 Teletex

Bei dem internationalen Teletexdienst, dem Bürofernschreiben der Post, können Textverarbeitungssysteme miteinander kommunizieren. Der Zeichenvorrat beträgt über 300 Zeichen, die Übertragungsgeschwindigkeit 2400 Bit/s. Eine volle DIN-A4-Seite wird in circa zehn Sekunden übertragen. Die empfangenen Dokumente sind hinsichtlich Inhalt und Layout mit denen des Senders identisch. Teletex nutzt das DATEX-Netz mit Leitungsvermittlung. Die notwendige Geräteausstattung des Teletexteilnehmers kann aus einer Speicherschreibmaschine, einem Textsystem oder aus einem Rechner (zum Beispiel PC) bestehen.

Teletex integriert das Fernschreiben stärker als Telex in die laufende Büroarbeit. Die Teletexgeräte sind immer empfangsbereit. Ihr Empfangsspeicher nimmt ankommende Texte auf und speichert sie, bis der Benutzer sie anzeigen, drucken oder extern speichern läßt. Eingehende Nachrichten unterbrechen gerade laufende Arbeiten am Textsystem nicht. Das teletexfähige Gerät wird mehrfach genutzt, als Schreibmaschine oder Textverarbeitungssystem und als Empfangsstation für Fernschreiben. Ein weiterer Vorteil: Teletex-Texte sind immer auf magnetischen Datenträgern verfügbar.

Die Kommunikation zwischen Teletex- und Telexendgeräten ist problemlos möglich, verlangt allerdings Code- und Geschwindigkeitsumwandlungen, die von einer postseitigen Übergangseinrichtung zwischen Teletex- und Telexnetz durchgeführt werden.

9.3.3.3 Telebox

Der **Teleboxdienst** (mailbox system, electronic mail) gestattet es, von einem Terminal oder PC Mitteilungen und Dateien an andere Teilnehmer zu versenden. Die Mitteilungen gelangen über interne und/oder externe Netze in die „elektronischen Postfächer" der Empfänger. Die elektronischen Postfächer liegen in der Regel in einem Zentralrechner des jeweiligen Netzes. Die Empfänger greifen über ein Terminal oder einen PC auf die Mitteilungen zu. Die notwendige Software ermöglicht es dem Benutzer, Texte einzugeben, auszugeben, zu editieren, zu speichern, zu versenden und zu empfangen.

Weltweit gibt es eine Vielzahl von Mailboxsystemen, die für einen registrierten Personenkreis arbeiten. Zwischen den Mailboxsystemen existieren Verbindungen, so daß elektronische Post international über verschiedene Netze hinweg zu dem Rechner mit der adressierten Postbox versandt werden kann.

Die Deutsche Bundespost (DBP) bietet einen Teleboxdienst mit Zugang über das Telefon-, DATEX-L- und DATEX-P-Netz. Jeder Benutzer läßt sich registrieren und erhält eine Box (elektronisches Postfach). Der Zugang ist paßwortgeschützt. Post kann an einen oder gleichzeitig an mehrere Adressaten geschickt werden. Eine Mitteilung darf höchstens rund 130 KB groß sein. Die Box speichert beliebig viele Mitteilungen. Ein „schwarzes Brett" (Box für alle) nimmt Mitteilungen an, die alle Teleboxteilnehmer oder bestimmte Benutzergruppen lesen sollen.

9.3.3.4 Bildschirmtext

Bildschirmtext (Btx) ist ein Fernmeldedienst der DBP, der über das Telefon- und das DATEX-P-Netz verschiedene Leistungen anbietet.

Einige Leistungsangebote von Btx:

- **Informationsangebote:**
  Informationen aus Zeitschriften und von Nachrichtenagenturen, Daten aus Anschriftenverzeichnissen und Informationen über Veranstaltungen, Bildungs- und Freizeitangebote können jederzeit abgerufen werden. Ebenso Angebote über Reisen, Personenbeförderung und Unterkünfte. Ferner lassen sich aktuelle Börsen- und Wirtschaftsdaten abrufen.

- **Waren- und Dienstleistungsangebote:**
  Unternehmen von Handel, Handwerk, Industrie und vom Gaststättengewerbe bieten dem Benutzer Waren und Dienstleistungen über Btx an.

- **Rat und Hilfe:**
  Beratungsstellen für die Familie und für Verbraucher, für Gesundheitsberatung und andere Sozialbereiche halten Informationen für Interessenten bereit.
- **Kontaktaufnahme:**
  Kontaktsuchende mit unterschiedlichen Interessenlagen können Verbindung untereinander aufnehmen. Sie „treffen sich“ auf elektronischem Wege in bestimmten Rechnern und tauschen online[1] Informationen miteinander aus.
- **Bankdienste:**
  Bankkunden bedienen sich des Btx-Systems, um ihre Konten einzusehen und Überweisungen vorzunehmen. Sie können auch Geldanlageangebote ihrer Bank wahrnehmen.
- **Rechendienste:**
  Gewerbliche Anbieter stellen Programme für vielfältige Berechnungsprobleme und Programme für den Selbstunterricht kostenpflichtig zu Verfügung.
- **Computerspiele:**
  Computerspiele runden die Angebotsvielfalt des Btx-Dienstes und seiner gewerblichen Teilnehmer ab.

Als Datenendgeräte setzt man Fernsehgeräte mit Decoder und Tastatur, Terminals oder Mikrocomputer ein. Private Benutzer wählen das Btx-System über den Telefonanschluß an, größere gewerbliche Teilnehmer nutzen DATEX-P, um ihre Rechner (sogenannte externe Rechner) anzuschließen. Die gewerblichen Teilnehmer offerieren mit ihren Rechnern Dienste, die über die Angebotsbreite der DBP hinausgehen. Die Rechner in den Btx-Zentralen der DBP (interne Rechner) führen Zugangsberechtigungsprüfungen durch, erstellen Gebührenabrechnungen, regeln den Datenverkehr zwischen den Teilnehmern, externen Rechnern und Rechnern anderer Btx-Zentralen usw. Informationen werden „seitenweise“ angeboten. Vor der Ausgabe kostenpflichtiger Seiten wird ihr Preis angezeigt, damit sich der Interessent entscheiden kann.

Aufgaben zur Selbstüberprüfung:

74. Über welche Netze kann Datenfernübertragung stattfinden?
75. Wie unterscheiden sich die Möglichkeiten der Datenfernübertragung durch Telefon und Datex-P? Nennen Sie Vor- und Nachteile!
76. Beschreiben Sie den Nutzen eines E-Mail-Systems! Wie heißt das Mailbox-System der Bundespost TELECOM?

1 Engl. online = mit der Zentraleinheit verbunden

10. Sollkonzept der Planung, Entwicklung und Erprobung von Softwaresystemen

Lernziele:

Sie kennen die zum Entwurf wirtschaftlicher EDV-Verfahren notwendigen Schritte.

Sollen in einem Betrieb einzelne Verfahren (zum Beispiel Rechnungsschreibung) oder ganze Aufgabenbereiche (zum Beispiel Auftragsbearbeitung) auf EDV übernommen werden, so erwartet man davon eine Erhöhung der Wirtschaftlichkeit. Nach dem Erkennen von Problemen (zu hohe Personalkosten, zu lange Durchlaufzeiten usw.) und der daraus resultierenden Formulierung von Zielvorstellungen des EDV-Einsatzes ist in einer ersten Phase zu prüfen und zu planen, ob und wie ein EDV-Softwaresystem diese Zielvorstellungen wirtschaftlich realisiert, um dann in einer zweiten Phase seine Entwicklung vorzunehmen. In einer dritten Phase erfolgt schließlich die Übernahme der Software in den aktuellen Betrieb.

In diesem Kapitel wird dargelegt, wie in Form zeitlich aufeinanderfolgender Phasen und Schritte die Planung, Entwicklung und Übernahme betrieblicher Aufgaben auf EDV erfolgen soll, wie also letztlich ein wirtschaftlicher EDV-Einsatz realisiert wird.

10.1 Projektierungsphase

In der Projektierungsphase erfolgt die **Planung des EDV-Einsatzes**. Sie gliedert sich in vier zeitlich aufeinanderfolgende Schritte, an deren Ende die Kenntnis über die Anforderungen an die EDV und die Realisierbarkeit durch sie, ein Überblick über die Art und Weise der Realisierung sowie Vorstellungen über die Vorteile der Lösung stehen.

10.1.1 Grundbedingungen

Voraussetzungen für die Aufnahme der Planungsarbeiten sind die Festlegung der von der EDV zu bearbeitenden Probleme sowie die Klärung der Verantwortlichkeiten bei der Durchführung des Projekts.

Grundsätzlich müssen sich die Entscheidungsträger auch darüber im klaren sein, daß der Einsatz der EDV zur Bearbeitung von Problemen aus dem kommerziellen Bereich

- ein umfangreiches Datenaufkommen und
- sich ständig wiederholende Arbeitsprozesse

voraussetzt, da ansonsten ein wirtschaftlicher EDV-Einsatz nicht denkbar ist. Kommerzielle Probleme haben meistens Mengen- und Wiederholungscharakter, also die Eigenschaft, daß eine große Zahl von Vorgängen gleichartig zu bearbeiten ist (bei 1000 Lohnempfängern ist 1000mal der Lohn auf gleiche Weise zu berechnen). Der Wiederholungscharakter drückt sich weiterhin in dem in gewissen Zeitabständen wiederkehrenden Auftreten derselben Probleme (Lohnabrechnung erfolgt regelmäßig jeden Monat) aus. Dennoch sind bei der Idee der Bearbeitung eines Problemkreises durch EDV als erstes diese Grundvoraussetzungen des wirtschaftlichen Einsatzes zu prüfen, wobei besonders zu beachten ist, daß mit steigender Leistungsfähigkeit der EDVA auch die zu einem wirtschaftlichen Einsatz notwendigen Mindestdatenmengen zunehmen.

10.1.2 Darstellung des Ist-Zustandes

Bei der Darstellung des **Ist-Zustandes** geht es um eine Art Aufnahme des Bestehenden (zum Beispiel Anlagenbuchhaltung eines Betriebes) vor der Umstellung auf eine bestimmte Software.

Diese Ist-Analyse gliedert sich in **drei Abschnitte**:

Einmal erstreckt sie sich auf die **Betriebsstruktur**. Hier werden innerhalb der Bereiche, auf die sich das EDV-Projekt bezieht, die Art und die Mengen der Tätigkeiten bis hin zum einzelnen Mitarbeiter ermittelt. Anhand des Aufgabengliederungsplans und des Organisationsplans des Unternehmens erfolgt eine Aufteilung nach Arbeitsgruppen und Tätigkeitsbereichen. Für jede Stelle wird der Tätigkeitskatalog und das Mengengerüst angegeben. So wird zum Beispiel für jeden Verkaufssachbearbeiter neben der Angabe, was er überhaupt alles zu machen hat, die Anzahl der von ihm in einem bestimmten Zeitraum zu bearbeitenden Aufträge, Briefe, Reklamationen usw. festgehalten. Durch die Analyse der Betriebsstruktur wird klar, **was** der einzelne, die Gruppe, die Abteilung usw. zu tun hat, und was in welchem Umfang die EDV zu übernehmen hat.

In einem zweiten Abschnitt erstreckt sich die Ist-Analyse auf die **Bearbeitungsregeln**. Hier wird geklärt, **wie** bei den verschiedenen Arbeitsprozessen vorgegangen wird. Die logische Reihenfolge der einzelnen Arbeitsschritte mit Vorschriften, Anweisungen, Terminen, Unterlagen und Hilfsmitteln wird aufgezeigt.

Der dritte Abschnitt schließlich beinhaltet die **Analyse der Daten**. Die im Rahmen der Verarbeitung anfallenden Daten werden auf ihre Art (Zahlenwerte oder alphabetische Ausdrücke), ihren Umfang (Stellenzahl, Menge) und auf die Häufigkeit ihres Aufwandes hin untersucht. Man weiß damit, welche und wieviel Daten in Zukunft zu verarbeiten sind und erhält Informationen über die Anforderungen an die Datenverarbeitungsanlage hinsichtlich des Speicherbedarfs und der notwendigen Ein-/Ausgabegeräte.

Am Ende der Darstellung des Ist-Zustandes hat man einen Überblick über das, was auf den Computer in Richtung Aufgabengebiete, Bearbeitungsvorschriften sowie Datenstruktur und Datenmenge zukommt.

10.1.3 Problemanalyse

Anhand einer kritischen Betrachtung der Ergebnisse der Ist-Analyse und eines Vergleichs dieser mit dem gesteckten Ziel werden Engpässe und Schwachstellen des bisherigen Systems erkannt und dargestellt. Daraus ergibt sich die Frage nach dem zukünftigen Einsatz der EDV, nach den Aufgaben, die ihr übertragen werden sollen und wirtschaftlich übertragen werden können. Erkenntnisse darüber, welche organisatorischen Tatbestände als unabänderlich anzusehen sind und wo Änderungen in dem Bearbeitungsverfahren vorgenommen werden müssen, sowie Probleme der Umschulung des Personals und eine eventuell vorhandene Angst vor dem Verlust des Arbeitsplatzes spielen dabei eine Rolle.

Das Erkennen der konkreten Probleme auf Grund der **Problemanalyse** ist Voraussetzung für eine Sollkonzeption.

10.1.4 Entwicklung einer Sollkonzeption

Das **Sollkonzept** enthält die von der EDV zu lösenden Probleme und Vorschläge zur Art der Problemlösungen. Die Entwicklung einer Sollkonzeption umfaßt die Betrachtung der Kapazitäten, Wirtschaftlichkeitsvergleiche sowie die Ausarbeitung eines Realisierungsplanes. Sie hat speziell die Entwicklung neuer Arbeitsabläufe und die Ermittlung der Anforderungen an die EDV zum Ziel.

Die Erstellung der Sollkonzeption gliedert sich in folgende Schritte:

- Konzeption der Sachgebiete,
- Bildung einer Grundkonzeption,
- Kapazitätsüberlegungen,
- Wirtschaftlichkeitsüberlegungen,
- Erstellung eines Realisierungsplanes,
- Erstellung eines Abschlußberichts.

Bei der Konzeption der Sachgebiete müssen zum einen die durch die EDV zu rationalisierenden Sachgebiete festgelegt und unter Beachtung einer angestrebten Organisation eventuell „EDV-gerecht“ umgestaltet werden. Zum anderen müssen für die einzelnen Sachgebiete festgelegt werden:

- die Daten nach Funktion (Eingabe-, Ausgabe-, Bewegungs- und Stammdaten) und Struktur (Datentyp, Stellenzahl, Menge usw.),
- der organisatorische Ablauf des Sachgebiets unter Einbeziehung der EDV,
- die Verarbeitungsvorgänge in logischer und zeitlicher Reihenfolge,
- die Datenerfassung nach Art, Erfassungsgerät, Datenträger, Umfang, Ort und Zeit sowie die Datenausgabe nach Art, Inhalt, Umfang und Periodizität.

Unter der Bildung einer **Grundkonzeption** versteht man die gegenseitige Abstimmung der einzelnen Sachgebietskonzeptionen und ihre Eingliederung in ein harmonisches System.

Bei den **Kapazitätsüberlegungen** werden auf Grund der Mengengerüste der einzelnen Sachgebiete die für die EDV-Bearbeitung erforderlichen maschinellen, personellen und räumlichen Kapazitäten ermittelt. Die auf Erfahrungswerten beruhende Schätzung dieser Kapazitäten kann zum Ergebnis haben, daß bei der Realisierung des Projekts zum Beispiel eine Erweiterung der vorhandenen EDVA erforderlich wird.

Bei den **Wirtschaftlichkeitsüberlegungen** wird ein Vergleich zwischen Aufwand und Einsparung angestellt, der auf einem Zeitraum von mehreren Jahren basiert. Dabei werden dem Gesamtaufwand sowohl die direkt meßbaren Einsparungen zum Beispiel an Material und Personal als auch die sich indirekt auswirkenden Vorteile etwa durch größere Schnelligkeit und größeren Informationsgehalt gegenübergestellt.

Im **Realisierungsplan** wird die sich aus der Planung ergebende mögliche Realisierung des Projekts dargelegt und besonders die Art der geplanten EDV-Verfahren, der geplante zeitliche Ablauf der Realisierung und der sowohl für die Realisierung als auch die spätere aktuelle Abwicklung erforderliche Personalbedarf aufgezeigt.

Der **Abschlußbericht** enthält alle die Planung des Projekts betreffenden Fakten. An Hand des Abschlußberichts wird über die weitere Realisierung des geplanten Projekts beschlossen. Er stellt das Ende der Projektierungsphase dar.

Aufgaben zur Selbstüberprüfung:

77. Was erfolgt in der Projektierungsphase, und in welche Schritte gliedert sich diese Phase?
78. Was ist das Ergebnis der Projektierungsphase?
79. Welche Grundbedingungen gelten für einen wirtschaftlichen EDV-Einsatz?
80. In welche Abschnitte gliedert sich die Ist-Analyse?
81. Was ist das Ergebnis der Problemanalyse?
82. Was ist bei der Entwicklung einer Sollkonzeption zu tun?

10.2 Einsatzvorbereitung

Lernziele:

Sie wissen, wie die Übernahme eines Verfahrens auf EDV realisiert wird.

Nachdem in der Projektierungsphase für gewisse betriebliche Probleme die Planung der Problemlösung mit EDV erfolgte, wird in der Phase der Einsatzvorbereitung die EDV-Lösung realisiert und damit der aktuelle Einsatz im täglichen Betriebsgeschehen vorbereitet. Auch diese Phase läuft in mehreren Schritten ab.

10.2.1 Festlegung der Daten und Datenbanken

In der Projektierungsphase wurden die vom Computer zu verarbeitenden Daten nach Funktion und Struktur schon größtenteils untersucht. Aufbau und Umfang der Daten, die verwendeten Datenerfassungsmethoden und die Art und Gestaltung der Ausgabedaten werden hier nun endgültig festgelegt und konkretisiert. Weiterhin ist notwendig, daß die Zahl der verwendeten Dateien, deren jeweiliger Inhalt, Aufbau und Umfang und deren gegenseitige Abhängigkeit festgelegt werden. Dabei ist auch zu entscheiden, welches der am Markt befindlichen Datenbanksysteme die Datenbasis verwalten und Werkzeuge für die Programmierung bereitstellen soll. Schließlich sind Probleme der Datensicherung und des Datenschutzes zu beachten.

10.2.2 Festlegung der Verarbeitungsabläufe

Die Festlegung der Verarbeitungsabläufe hat in zweifacher Hinsicht zu geschehen. Zum einen muß die bisher bestehende Organisationsform auf die Belange der zukünftigen EDV-Verarbeitung umgestellt werden. Der Organisations- und Datenablauf ist in den Arbeitsgebieten umzustellen, die von der neuen Software betroffen sind.

Zum anderen geht es um die Verarbeitung der Daten im Computer. Die einzelnen vom Computer auszuführenden Arbeitsschritte sind zu planen. In beiden Fällen geht es um die Ausarbeitung eines Lösungsweges und für beide Fälle gibt es zur übersichtlichen Darstellung des Lösungsweges graphische Hilfsmittel, **Datenflußplan** und **Struktogramm**[1]. Die graphische Darstellung wird erst in den Abschnitten 11.1 und 11.2 behandelt.

1 Auch Nassi-Shneiderman-Diagramm genannt, weil die Symbole des Diagramms auf Nassi und Shneiderman zurückgehen.

Datenflußplan

Ein **Datenflußplan** besteht aus **Sinnbildern** für die Verarbeitung und die Datenträger sowie aus Flußlinien.

Der Datenflußplan stellt in graphischer Form den Organisations-, Daten- und Arbeitsablauf für eine Verarbeitungsaufgabe dar.

Er gibt eine Übersicht über die zu leistende Arbeit, indem von dem erstmaligen Auftreten der Daten über verschiedene Verarbeitungsstationen bis hin zur Weiterleitung der Ergebnisse jeder Vorgang graphisch dargestellt wird. Im einzelnen gibt er die Daten und Datenträger, den Datenfluß sowie die Verarbeitungsstationen und die jeweilige Verarbeitungsart an. Ein Datenflußplan – am Beispiel der Auftragsbearbeitung gezeigt – ermöglicht die Beantwortung der Fragen:

- Wo treffen Aufträge ein?
- Wo werden die Aufträge bearbeitet?
- Welche Auftragsdaten werden über welche Datenträger an die EDVA weitergegeben?
- Was geschieht mit diesen Auftragsdaten im Computer?
- Welche Dateien (zum Beispiel Kundendatei, Artikeldatei) werden zusätzlich zur Auftragsdatei benötigt?
- Welche Ergebnisse der EDV-Bearbeitung entstehen?
- Wohin werden die Ergebnisse weitergeleitet?

Der Datenflußplan gibt an, was mit Daten geschieht.

Struktogramm

Ein **Struktogramm** besteht aus **Strukturblöcken** (Sinnbildern), die Operationen beschreiben. Die Strukturblöcke sind beschriftet. Die Verbindung von sinnbildlicher Darstellung und Text läßt den Verabeitungsvorgang klar erkennbar werden.

Das Struktogramm stellt in graphischer Form die Ablauflogik eines Programms dar.

Struktogramme entsprechen den Grundsätzen strukturierter Programmierung, einer Methode des Programmentwurfs. Diese Methode versucht schon durch den Programmentwurf zu erreichen, daß

- fehlerfreie Programme entwickelt werden,
- der Programmwartungsaufwand minimiert wird,
- die Programmstruktur übersichtlich bleibt.

Strukturiert programmieren heißt, ein globales Verarbeitungsproblem zunächt in seine Teilprobleme aufzulösen (top-down-Programmierung). Durch schrittweise Verfeinerung der Verarbeitungsschritte erhält das Programm einen übersichtlich klaren und modularen Aufbau.

Das Struktogramm zeigt den Lösungsweg, der durch das Programm beschritten wird, und gibt an, welche Module das jeweils übergeordnete Programm zur Ausführung bringt. Statt eines Beispiels an dieser Stelle sei auf das Kapitel 11, Logik der Programmierung, verwiesen.

Im Gegensatz zum Datenflußplan, der angibt, was mit den Daten gemacht wird, beschreibt das Struktogramm, wie die Daten innerhalb der Datenverarbeitungsanlage verarbeitet werden.

10.2.3 Programmierung

Die Programmierung ist die allgemeinverständliche Festlegung der zur Lösung einer Aufgabe durch den Computer auszuführenden Arbeitsschritte und deren Übertragung in die Elemente einer Programmiersprache.

Unter Programmierung versteht man die Erstellung des Struktogramms und die anschließende Codierung.

Zunächst wird die globale Aufgabenstellung in Teilaufgaben zerlegt (top-down-Konzept). Auch Teilaufgaben können wiederum in kleinere Aufgabenstellungen untergliedert sein (schrittweise Verfeinerung).

Am Beispiel der Fakturierung soll die Methode hier kurz skizziert werden:

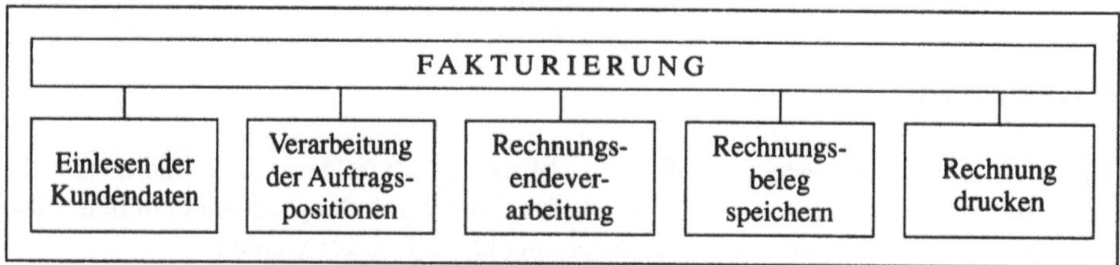

In einem ersten Schritt wurde das Problem Fakturierung in Teilprobleme zerlegt. Dieser ersten Zerlegungsstufe folgt die nächste, zum Beispiel die weitere Zerlegung des Teilproblems „Rechnung drucken“:

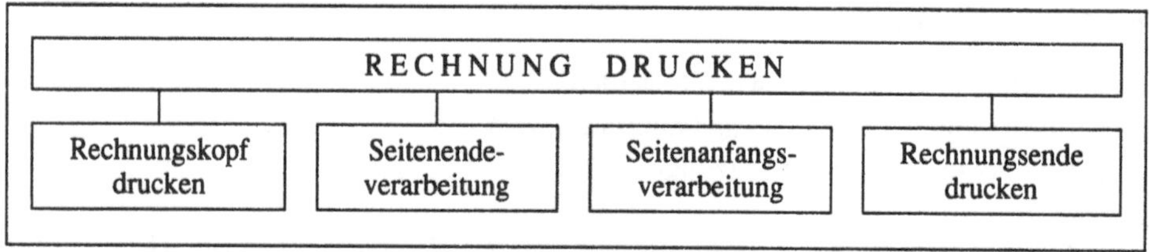

Die Zerlegung in Teilaufgaben wird solange fortgesetzt, bis ausreichend übersichtliche und durchschaubare Teilaufgaben entstanden sind. Es folgt die Festlegung der Arbeitsschritte für die Lösung der Teilaufgaben in Form eines Struktogramms. Die Darstellung der Lösung muß **allgemeinverständlich** sein.

Bei der **Codierung** werden die Teilaufgaben in einzelne Verarbeitungsschritte einer Programmiersprache umgesetzt. Es entstehen Programmodule, die die einzelnen Teilaufgaben zu lösen haben. Diese Module werden durch jeweils übergeordnete Module entsprechend der Aufgabenzerlegung zu einem Programm (zum Beispiel Fakturierung) zusammengefaßt. Die Codierung ist die nach Maßgabe der verwendeten Programmiersprache **maschinenverständliche** Darstellung der Verarbeitungsschritte.

Ergebnis der Erstellung des Struktogramms und der Codierung ist das Programm als eine geordnete Folge von Anweisungen. Abbildung 45 zeigt anhand eines einfachen Ausschnitts aus einem denkbaren Struktogramm und den entsprechenden Anweisungen in der Datenbankprogrammiersprache dBASE die Gegenüberstellung von Programmablaufplan und dem eigentlichen Programm.

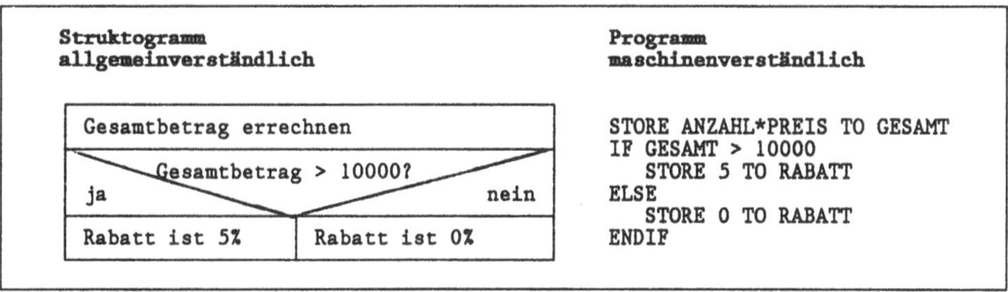

Abbildung 45: Gegenüberstellung von Struktogramm und Programm

10.2.4 Programmtest

Erfahrungsgemäß ist ein Programm nach erfolgter Codierung nicht sofort fehlerfrei. Um einen ordnungsgemäßen Ablauf garantieren zu können, muß jedes neu erstellte oder geänderte Programm vor dem praktischen Einsatz durch Tests überprüft und von noch vorhandenen Fehlern befreit werden.

Folgende Testphasen werden unterschieden:

- **Schreibtischtest:**
  Das Struktogramm wird auf Grund der vom Programm zu bearbeitenden Daten und Fakten anhand mehrerer Beispiele nachvollzogen, um eventuelle Unstimmigkeiten und Abweichungen festzustellen. Eine weitere Form des Schreibtischtests besteht darin, daß man das codierte Programm selbst mit Hilfe von Testdaten ohne Einsatz des Computers prüft. Die Bedeutung der Schreibtischtests hat mit zunehmendem Komfort der Programmierwerkzeuge, der Compiler und der Interpreter, abgenommen. Man hat heute rasch ein Programm am Bildschirm eingegeben und mit Hilfe schneller Übersetzungsprogramme in eine Testversion gebracht. Moderne Testhilfen, die im Lieferum-

fang der Compiler enthalten sind, machen Schreibtischtests der codierten Programme überflüssig.

- **Formaler Test:**

  Bei jeder Programmiersprache sind gewisse Regeln, die man auch als „Grammatik" der Programmiersprache bezeichnen könnte (Aufbau der Anweisungen; Angabe arithmetischer Ausdrücke; Verzweigungen usw.), einzuhalten. Programme müssen deshalb auf formale Verstöße gegen die Regeln der verwendeten Programmiersprache hin untersucht werden. Die meisten formalen Fehler werden bei der Übersetzung des Quellprogramms in das Objektprogramm vom Compiler angezeigt; der Programmierer kann auch hier auf seine Testhilfen zurückgreifen.

- **Logischer Test:**

  Hier werden zunächst die einzelnen Programmodule (zur Lösung der Teilaufgaben) durch sogenannte Testläufe mit typischen Probedateien auf ordnungsgemäße Funktion überprüft. Wenn alle Programmodule richtig laufen, werden die jeweils übergeordneten Module getestet. Die dabei verwendeten Testdaten sollen so aufgebaut sein, daß mit ihnen alle Programmodule durchlaufen und damit alle im Programm vorgesehenen Bearbeitungsfälle und Eventualitäten ausgeführt werden. Nach jedem Testlauf müssen die Ist-Ergebnisse mit den Soll-Ergebnissen verglichen und die Ursache für eventuelle Fehler mit Hilfe der Ist-Ergebnisse gesucht werden. Der Wechsel zwischen Testlauf und Testauswertung hat so lange zu erfolgen, bis der Test fehlerfreie Ergebnisse bringt.

An dieser Stelle scheint es sinnvoll, nochmals darauf hinzuweisen, daß das Programm, und damit insgesamt gesehen die Software, die entscheidende Komponente bei der Nutzung der EDV ist. Der Computer macht das, aber auch nur das, was im Programm enthalten ist. Einzig und allein das Programm entscheidet somit über Art und Nutzen der Verarbeitung.

10.2.5 Dokumentation

Bei der **Dokumentation** werden alle für das Verständnis und die Anwendung der Programme wichtigen Unterlagen zusammengestellt. Dazu gehören neben dem Programm selbst und einer Beschreibung der Programmhandhabung die Struktogramme und Datenflußpläne. Die Dokumentation ermöglicht es auch anderen Programmierern, Korrekturen, Änderungen oder Ergänzungen im Programm vorzunehmen und ist für eine sinnvolle Programmpflege unbedingt notwendig.

Aufgaben zur Selbstüberprüfung:

83. In welchen Schritten läuft die Einsatzvorbereitung ab?
84. Welche Aufgaben kommen dem Struktogramm zu?
85. Was heißt „programmieren"?
86. Welche Testphasen unterscheidet man?
87. Warum ist die Dokumentation von Programmen unbedingt notwendig?

10.3 Übernahme- und Kontrollphase

Lernziele:

Sie wissen, was vor dem Einsatz eines EDV-Softwarepakets noch zu tun ist.

Nachdem der organisatorische Ablauf des EDV-Einsatzes entwickelt und die Programme fertiggestellt sind, muß der Übergang zum aktuellen Einsatz im täglichen Betriebsgeschehen an Hand einer **Übernahme- und Kontrollphase** erfolgen.

Durch einen **Parallellauf** zwischen dem bisherigen Verfahren und dem neu entwickelten EDV-Verfahren wird festgestellt, ob und wo Ungereimtheiten und Unstimmigkeiten auftreten. Eventuelle Fehler am System sowie Fehlerquellen zum Beispiel bei der Erfassung und Bedienung werden erkannt. Die Mitarbeiter machen sich mit dem neuen System vertraut, werden in der richtigen Handhabung geschult und gewinnen an Sicherheit. Die Parallelarbeit verursacht einen erhöhten Aufwand, ist aber erforderlich, da nicht anzunehmen ist, daß alles sofort reibungslos abläuft.

Durch **Soll-/Ist-Vergleiche** kontrollieren Mitarbeiter mit speziellen Kenntnissen aus den zu bearbeitenden Fachgebieten die Richtigkeit der Ergebnisse und Durchführbarkeit der Verfahren sowie die Übereinstimmung mit dem projektierten Ablauf und die Wirtschaftlichkeit. Neben den reinen Ergebnissen der Computerläufe stehen bei der Kontrolle die Mengen der bearbeiteten Vorgänge, die Bearbeitungs- und Durchlaufzeiten, die Kosten usw. zur Diskussion. Abweichungen zwischen Soll und Ist können entweder in geänderten Voraussetzungen (der Umsatzanstieg war zum Beispiel mit fünf Prozent geplant, hat sich aber tatsächlich zu 15 Prozent ergeben) oder in benutzerverursachten Fehlern (zum Beispiel falsche Bedienung, fehlerhafte Erfassung, falsche Programmvoraussetzung) begründet sein. Die Gründe für die Abweichungen sind zu ermitteln und durch eventuelle Neukonzeption der Programmodule, im ungünstigsten Fall des Programmsystems, zu beseitigen.

Natürlich ist für einen zufriedenstellenden Einsatz eines EDV-Verfahrens die geeignete Hardware und insbesondere entsprechend gute Software erforderlich. Allerdings wird auch dann ein EDV-Verfahren nie nutzbringend zum Einsatz gebracht werden können, wenn die dritte Komponente, die Brainware, und damit vor allem die personelle Ausstattung, nicht gut besetzt ist. Dabei geht es nicht nur um ausgesprochene EDV-Spezialisten, sondern vielmehr um die Fähigkeit aller beteiligten Mitarbeiter aus dem allgemein betrieblichen Bereich, mit der neuen Software umgehen zu können, die Geräte bedienen zu können, mit den Programmen und ihren Anforderungen klarzukommen.

Aufgaben zur Selbstüberprüfung:

88. Wozu ist die Übernahme- und Kontrollphase erforderlich?
89. Wie läuft die Übernahme- und Kontrollphase ab?
90. Wie würden Sie die Befähigung und die Motivation Ihrer Mitarbeiter für die Nutzung eines neuen Softwaresystems fördern?

11. Logik der Programmerstellung

Ein funktionsfähiges Programm stellt einen folgerichtigen Ablauf einzelner Arbeitsschritte dar. Jedem Programm liegt somit eine bestimmte Logik zugrunde. Es geht in diesem Kapitel nicht um die Programmerstellung im Sinne von Codieren, sondern es geht um die logische und eindeutige Festlegung der vom Computer, unabhängig von einer bestimmten Programmiersprache, durchzuführenden Arbeitsschritte. Die Hilfsmittel zur Darstellung des Lösungsweges sowie besondere Schritte und Techniken zum Erreichen eines Lösungsweges werden dargelegt.

11.1 Datenflußplan

Lernziele:

Sie kennen die graphische Darstellung eines anhand von Datenflußplänen edv-mäßig abgewickelten Arbeitsgebietes.

11.1.1 Sinnbilder

Ein **Datenflußplan** besteht aus Sinnbildern für die Verarbeitung und die Datenträger sowie aus Flußlinien. Die nach DIN 66001 genormten Sinnbilder zeigt Abbildung 46.

Von der Vielzahl von Sinnbildern werden vorwiegend die Symbole für Bildschirm, manuelle Eingabe, Verarbeitung, Zentralspeicher, Magnetplatte und Liste/Schriftstück verwendet. Die einzelnen Sinnbilder werden durch Flußlinien verbunden, deren Richtung durch einen Pfeil gekennzeichnet ist. Zur näheren Erläuterung können an die einzelnen Sinnbilder erklärende Bemerkungen angefügt werden.

11.1.2 Beispiele für Datenflußpläne

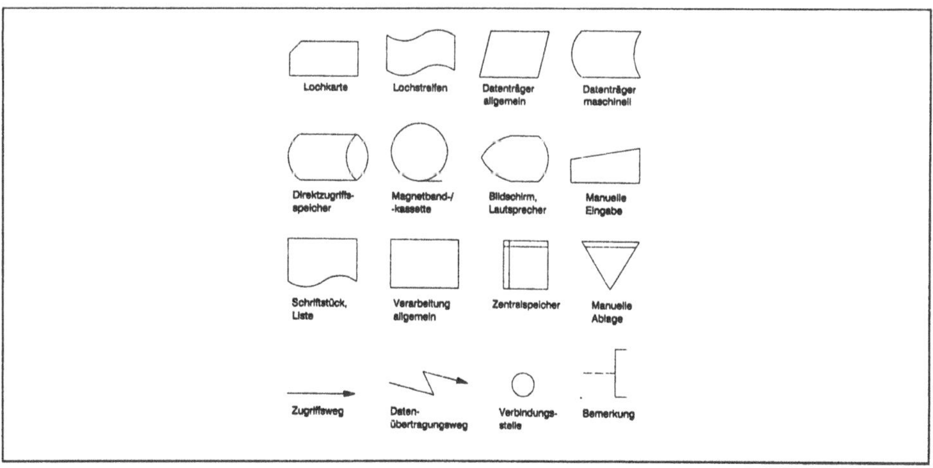

Abbildung 46: Sinnbilder für Datenflußpläne nach DIN 66001

Abbildung 47 beschreibt den Datenfluß bei der Rechnungsschreibung. Die im Betrieb auf Formularen oder formlos eingehenden Aufträge sollen neben anderen Verwendungszwecken gleichzeitig der automatischen Rechnungsschreibung dienen. Dazu werden die für die Rechnungen relevanten Auftragsdaten an einem Datensichtgerät oder einem Personalcomputer erfaßt. Die Speicherung der Auftragsdaten erfolgt simultan zu ihrer Erfassung. In einem nächsten Verarbeitungslauf verarbeitet das Fakturierungsprogramm die Auftragsdaten zusammen mit den notwendigen Daten aus der Kundendatei und der Artikeldatei im Computer zu den Rechnungsdaten. Diese werden einerseits in der Rechnungsdatei gespeichert, andererseits auf speziellen Rechnungsformularen gedruckt. Die Kundendatei enthält die Kundennummern, Namen, Adressen und eventuelle Sonderkonditionen. Die Eingabe der Kunden-Nummer bei den Auftragdaten reicht als alleiniges Kundenmerkmal also aus. Bei neuen Kunden muß vorher dafür gesorgt werden, daß sie eine Kundennummer erhalten und in die Kundendatei aufgenommen werden. Die Artikeldatei enthält für alle Artikel die artikelspezifischen Angaben, wie Artikel-Nummer, Artikel-Bezeichnung, Mengeneinheit und Preis. Zur Kennzeichnung eines bestimmten Artikels ist also nur die Artikel-Nummer relevant.

Neben der Ausgabe der Rechnungsdaten auf den Rechnungsformularen werden diese noch auf Magnetplatte zur weiteren Verwendung in der Buchhaltung und zu statistischen Zwecken abgespeichert.

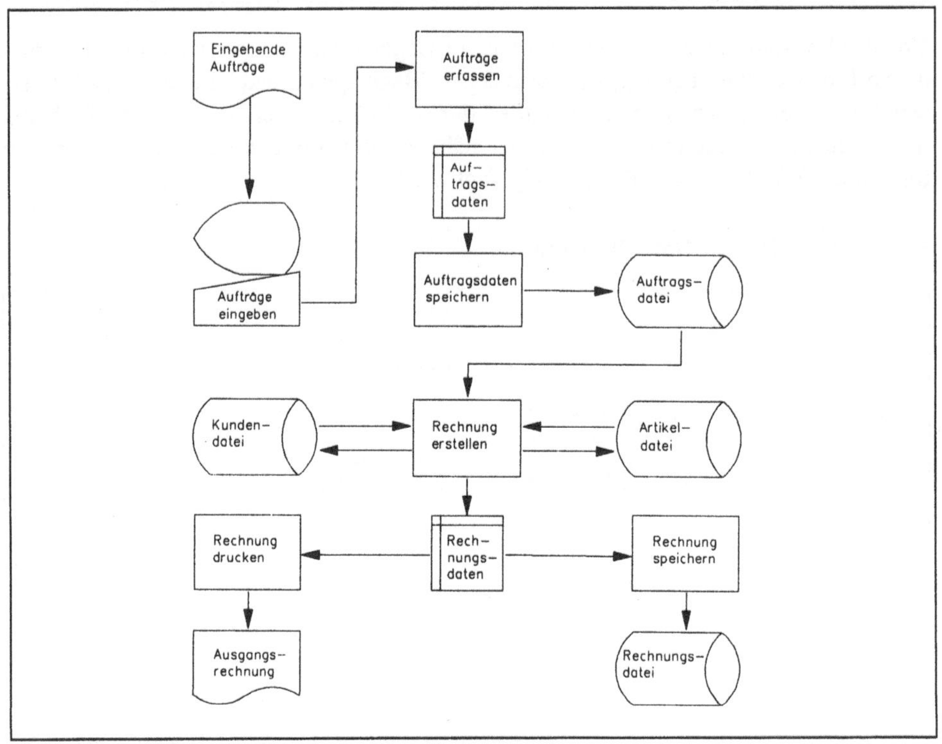

Abbildung 47: Datenflußplan „Rechnungsschreibung“

Der Datenflußplan zeigt einen vereinfachten und isolierten Ablauf. In der Praxis größerer Betriebe wird man die Aufgabe der Rechnungsschreibung gleich in den Aufgabenkomplex der Auftragsabwicklung integrieren.

Aufgaben zur Selbstüberprüfung:

91. Welche Funktion hat der Datenflußplan?
92. Wie wird die Flußrichtung gekennzeichnet?
93. Kann das Sinnbild „Schriftstück“ sowohl für einen Urbeleg als auch für Computerlistings verwendet werden?
94. Wo ist die Beschreibung der Sinnbilder niedergelegt?

11.2 Struktogramm

Lernziele:

Sie kennen die graphische Darstellungsmöglichkeit von Programmen und die Logik von Programmabläufen mit Hilfe des Struktogramms.

Das **Struktogramm** erlaubt es, Computerprogramme in einer allgemein verständlichen Form darzustellen. Es ist zwar auch möglich, Programme in der Umgangssprache zu beschreiben, doch in der Regel wird die graphische Darstellung als Struktogramm nach DIN 66261 vorgezogen. Die Strukturblöcke eines Struktogramms sollten dennoch ausreichend mit allgemein verständlichen Texten versehen werden. Nur die Verbindung der Symbolik der Strukturblöcke und die sinnvolle Betextung stellen die notwendige Klarheit her.

Struktogramme nennt man auch **Nassi-Shneiderman-Diagramme**, weil die Väter des Struktogramms J. Nassi und B. Shneiderman heißen. Struktogramme beschreiben die Arbeitsschritte, die ein Programm ausführen soll. Sie sind ein Mittel zum Entwurf von Programmen. Bevor ein Programm in einer Programmiersprache verfaßt wird, muß es sorgfältig durchdacht und als Struktogramm entwickelt worden sein.

11.2.1 Strukturblöcke

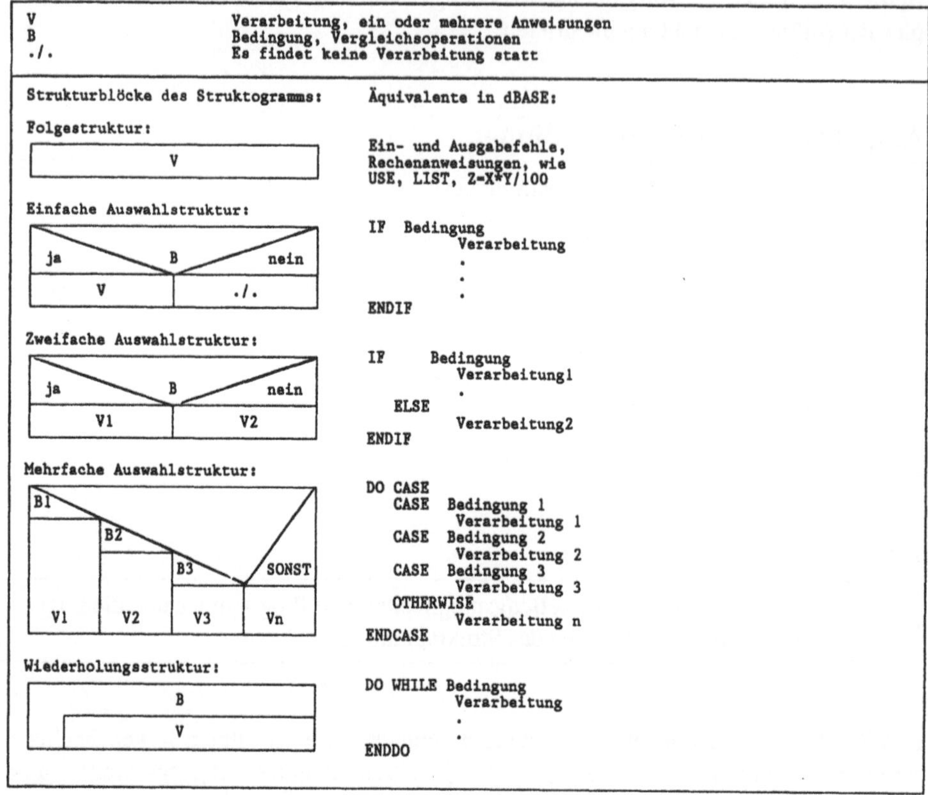

Abbildung 48: Strukturblöcke

Struktogramme üben im wesentlichen zwei Funktionen aus:

Konstruktionsfunktion:

Sie erleichtern die Programmierung. Sie helfen dem Programmierer, seinen Entwurf unabhängig von der Programmiersprache übersichtlich darzustellen.

Dokumentationsfunktion:

Struktogramme haben die Aufgabe, die Programmpflege zu vereinfachen. Wenn Programme nach ihrer Fertigstellung später einmal geändert werden müssen, findet sich der betroffene Programmierer schneller im Struktogramm zurecht als im Programmcode.

11.2.2 Programmstrukturen

Folgestruktur

Dieser Strukturblock kann für eine Vielzahl unterschiedlicher Arbeitsschritte verwendet werden. Er beschreibt Ein-/Ausgabeanweisungen ebenso wie arithmetische Anweisungen oder Suchoperationen in Dateien.

Einfache Auswahlstruktur

Die einfache Auswahl heißt auch einseitige Fallunterscheidung. Sie wird verwendet, wenn eine Entscheidung im Programm zu treffen ist. Nehmen wir an, bei einem Buchungvorgang ist vom Benutzer im Dialog das Buchungsdatum gefordert. Das Datum wird vom Programm einer Gültigkeitsprüfung unterzogen. Wenn es sich um ein falsches Datum handelt, gibt das Programm eine Fehlernachricht aus, andernfalls passiert nichts dergleichen. Nur falls eine bestimmte Bedingung eintritt – die falsche Datumseingabe –, wird eine entsprechende Verarbeitung durchgeführt, hier die Ausgabe einer Fehlermeldung.

Zweifache Auswahlstruktur

Gesetzt den Fall, ein Kundendatensatz mit einer bestimmten Kundennummer ist in einer Datei aufzusuchen, weil eine Adreßänderung ansteht. Der Benutzer gibt die Nummer des gesuchten Kunden ein. Falls die Suche nach dem Kundendatensatz erfolgreich verläuft, wird er zur Veränderung am Bildschirm ausgegeben. Andernfalls erhält der Benutzer eine Nachricht und kann die Suche noch mal mit einer anderen Kundennummer starten. Bei der zweifachen Auswahl (zweiseitige Fallunterscheidung) wird vom Programm eine Aktion durchgeführt, wenn eine Bedingung – hier der Datensatz gefunden – erfüllt ist, wenn nicht, führt das Programm eine andere Verarbeitung durch.

Mehrfache Auswahlstruktur

Diese Struktur läßt sich gut am Beispiel von Menü-Programmen erläutern. Ein Benutzer-Menü besitzt in der Regel mehrere Menüpunkte zur Auswahl, zum Beispiel das Menü „Stammsatzpflege“. Dort finden Sie meistens Punkte wie „1 Stammsätze anzeigen“, „2 Stammsätze hinzufügen“, „3 Stammsätze ändern“, „4 Stammsätze löschen“ und „5 Programmende“. Die mehrfache Auswahlstruktur eröffnet dem Programmierer die Möglichkeit, nach Maßgabe beliebiger Bedingungen das Programm beliebig viele Wege einschlagen zu lassen. Im genannten Beispiel wird je nachdem, ob der Benutzer 1, 2, 3, 4 oder 5 eingibt, ein unterschiedlicher Programmteil aktiv.

Wiederholungsstruktur

Eine Datei hat eine Vielzahl von Datensätzen. Jeden Tag verändert sich deren Anzahl. Der Programmierer, der ein Programm zum Auflisten der Kundendaten schreibt, kann in seinem Programm nicht festlegen, wieviele Datensätze zu drucken sind. Er muß das Programm nach dem Drucken jedes Datensatzes prüfen lassen, ob das Dateiende erreicht ist.

Dann endet das Programm. Bis dahin muß das Programm jedoch immer wieder die gleiche Abfolge von Arbeitsschritten durchführen: einen Datensatz einlesen, ihn zum Drucken ausgeben und das Dateiende abfragen. Hier haben wir ein typisches Beispiel für eine Wiederholungsstruktur. Arbeitsschritte werden so oft wiederholt, bis eine vorher festgelegte Bedingung eintritt, im Beispiel das Erreichen des Dateiendes. Die Wiederholungsstruktur wird oft kurz als „Schleife" bezeichnet.

Wichtig für den Programmierer ist es, in der verwendeten Programmiersprache die Anweisungen vorzufinden, die den Strukturblöcken entsprechen. Die meisten Programmiersprachen sehen solche strukturierenden Anweisungen vor, zumindest alle höheren bzw. problemorientierten Programmiersprachen. Das bedeutet: Maschinennahe Sprachen können nicht mittels Struktogrammen dokumentiert werden. Hier eignet sich besser der Programmablaufplan nach DIN 66001.

11.2.3 Beispiele für Struktogramme

Strukturiertes Programmieren heißt, wie bereits in Abschnitt 10.2.3 erwähnt, ein Programmierproblem in seine Teilprobleme aufzugliedern und Lösungsmodule zu bilden. Dadurch gewinnt der logische Programmaufbau an Klarheit und Übersichtlichkeit. Am Beispiel „Drucken der Inventarliste" soll die Vorgehensweise aufgezeigt werden. Das Problem „Drucken der Inventarliste" läßt sich in folgende Teilprobleme zerlegen:

Initialwerte setzen
Listenkopf drucken
Einlesen der Inventurpositionen und der notwendigen Artikeldaten
Berechnen des Inventarwertes
Drucken der Inventurpositionen
Listenende drucken

Ein Teil dieser Verarbeitungsvorgänge muß für jede Inventurposition je einmal ablaufen. Dies weist auf eine Wiederholungsstruktur hin. Es gibt eine Bedingung für das Programmende: das Erreichen des Dateiendes. Zum Schluß ist die Inventargesamtsumme zu drucken.

Das Struktogramm muß erweitert werden:

Hauptprogramm-Modul „Inventar“:

Anfangswerte setzen
Listenkopf drucken
Wiederhole solange Dateiende nicht erreicht
Einlesen der Inventurpositionen und der Artikeldaten
Berechnen der Inventarwerte und diese Kumulieren
Drucken der Inventurpositionen
Listenende drucken

Das Struktogramm enthält das Hauptmodul, sozusagen den Rahmen, in dem sechs Module eingebettet sind. Beispielhaft soll das Modul „Berechnen der Inventarwerte . . .“ weiterentwickelt werden. Im Beispiel wird angenommen, daß die Inventurbeauftragten Inventurpositionen dann mit „A“ gekennzeichnet haben, wenn die Artikel um 20 Prozent abgeschrieben werden sollen. Der Anfangswert für die Gesamtsumme wurde bei Programmbeginn auf 0 gesetzt. Für jede neue Inventurposition wird er um den errechneten Wert erhöht.

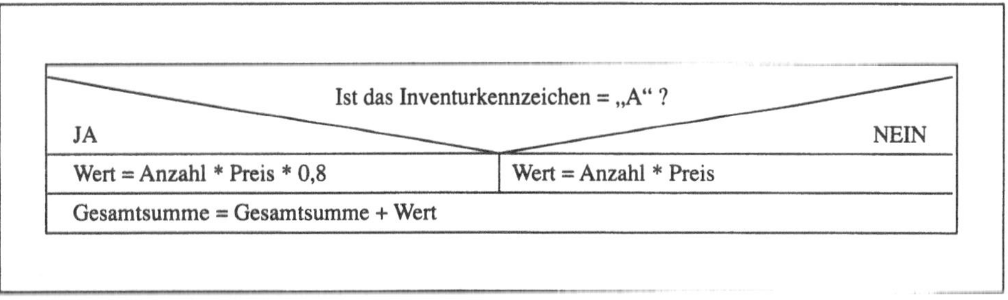

Beispiel: Unterprogramm-Modul „Berechnen“

Alle Haupt- und Unterprogramm-Module werden auf diese Weise dargestellt. Allerdings sind Programme in der Praxis erheblich komplexer. Um so mehr ist auf eine sorgfältige und tiefreichende Zerlegung der Verarbeitungsprobleme zu achten. Der Aufbau der danach codierten Programme entspricht exakt den hier als Struktogramm dargestellten Modulen. Die in die Wiederholungsstruktur eingebetteten Unterprogramm-Module werden vom Hauptprogramm der Reihe nach aufgerufen, und zwar jedesmal neu beim nächsten Schleifendurchlauf.

Aufgaben zur Selbstüberprüfung:

95. Welche beiden wichtigen Funktionen hat das Struktogramm?
96. Welche Programmstrukturen unterscheidet man?
97. Was versteht man unter strukturierter Programmierung, und welchen Vorteil bringt sie?

12. Sonderprobleme

Lernziele:

Sie kennen den Zweck von Prüfziffern und die Methodik zur Berechnung von Prüfziffern.

In diesem Kapitel werden Probleme und Begriffe angesprochen, die in der modernen Datenverarbeitung entstanden sind durch die Notwendigkeit der Eingabesicherung, der Sicherung vor ungewollter Zerstörung von Daten bzw. der Neugewinnung zerstörter Daten, des Schutzes vor dem Zugriff zu Daten von dazu nicht berechtigten Personen, der Verwendung externer Großspeicher und des Aufbaus von Systemen aus vielen Großspeichern, die zum Beispiel alle Daten einer Wirtschaftseinheit enthalten. Es ist nicht möglich, diese verschiedenen Probleme ausführlich zu behandeln bzw. detaillierte Realisierungsmöglichkeiten aufzuzeigen. Doch sollen neben der Bedeutung der Begriffe vor allem die für den Anwender wichtigen und mit diesen Begriffen zusammenhängenden Problematiken erläutert werden.

12.1 Prüfziffern

Zur Kennzeichnung und zur Verarbeitung von Datenbeständen sind **Ordnungsbegriffe** notwendig, die in der DV überwiegend aus numerischen Zeichen aufgebaut sind (Personalnummer, Artikelnummer, Bankleitzahl, Versicherungsnummer usw.). Die Verarbeitung kommt nur dann zu fehlerfreien Ergebnissen, wenn diese numerischen Ordnungsbegriffe richtig eingegeben wurden. Dabei ist festzustellen, daß gerade bei numerischen Ordnungsbegriffen oft Eingabefehler auftreten. Am häufigsten ist hierbei die Verfälschung einer einzelnen Ziffer in eine andere, ein sogenannter Einzelfehler. Weniger häufig ist die Vertauschung zweier benachbarter Ziffern, der sogenannte Drehfehler. Die dritte Fehlerart ist der Formatfehler, der dann entsteht, wenn zu wenige oder zu viele Ziffern eingegeben werden.

Einzelfehler machen etwa 80 Prozent, Drehfehler etwa sechs Prozent und Formatfehler etwa zehn Prozent der Eingabefehler aus. Der Rest teilt sich auf weitere, weniger wichtige Fehlerarten auf. Eine Überprüfung der numerischen Ordnungsbegriffe muß sich vor allem gegen die drei angeführten Fehlerarten richten. Dabei ist eine manuelle Prüfung zu personalintensiv und damit zu kostspielig. Also werden maschinelle Erkennungsverfahren verwendet.

Gegen Formatfehler schützt die Vereinbarung auf eine gleichbleibende Stellenzahl des Ordnungsbegriffes. Ein Abweichen von dieser Stellenzahl wird vom Computer leicht erkannt. Ist die Forderung nach gleichbleibender Stellenzahl nicht zu erfüllen, so sollte eine Vereinbarung auf entweder gerade oder ungerade Stellenzahl des Ordnungsbegriffes getroffen werden, da dann der Verlust oder das Hinzukommen einer einzigen Ziffer auch mit Sicherheit feststellbar ist.

Zum Erkennen der übrigen Fehlerarten hilft eine sogenannte **Prüfziffer**. Sie errechnet sich anhand eines bestimmten Verfahrens aus der zunächst vorgegebenen Nummer, wird an diese angehängt und bildet dann als ein fester Bestandteil zusammen mit der Nummer den eigentlichen Ordnungsbegriff. Nach der Eingabe des Ordnungsbegriffes (Nummer + Prüfziffer) prüft der Computer die Rechnung nach. Er berechnet dazu die Prüfziffer nach demselben Verfahren und vergleicht sie mit der eingegebenen Prüfziffer. Wenn bei der Eingabe ein Fehler aufgetreten ist, stimmen eingegebene und erneut berechnete Prüfziffer nicht überein, woraus der Computer die Existenz eines Fehlers ableitet und über eine entsprechende Meldung den Anwender veranlaßt, den Ordnungsbegriff zu korrigieren. Fehler lassen sich dadurch wohl nicht mit absoluter Sicherheit, jedoch zu einem großen Teil vermeiden. Die verschiedenen dazu entwickelten Berechnungsverfahren berücksichtigen jeweils bestimmte Anwendungsgebiete mit deren typischen Fehlern und unterscheiden sich im Sicherheitsgrad. In der Praxis haben sich sogenannte **„Modulo-Verfahren"** durchgesetzt, wobei es aber jedem Anwender freisteht, eigene Verfahren zu entwickeln.

Beim Modulo-Verfahren ist es notwendig, dem Ordnungsbegriff eine feste, gleichbleibende Stellenzahl zuzuordnen. Jede Ziffer der Nummer wird mit einem bestimmten Faktor – dem Gewicht ihrer Stelle – multipliziert und die Summe aller dieser Produkte gebildet. Dabei ergibt sich als Summe in den meisten Fällen eine Zahl mit mehreren Ziffern. Um eine einzige Prüfziffer zu erhalten, wird diese Summe durch eine bestimmte Zahl, dem „Modul", dividiert, wobei der bei der Division verbleibende Teilungsrest oder die Differenz zwischen Modul und Teilungsrest die Prüfziffer darstellt. Die Modulo-Verfahren basieren also auf den **Gewichten** und einem **Modul**, wobei der Modul dem jeweiligen Verfahren seinen Namen gibt. Bekannt sind hierbei vor allem das Modulo-10- und das Modulo-11-Verfahren, also Verfahren, bei denen die Summe der gewichteten Ziffern durch 10 bzw. durch 11 dividiert wird.

In einem Beispiel soll die Prüfziffer nach dem Modulo-10-Verfahren für die Kundennummer 431 785 berechnet werden. Als Gewichte werden die Faktoren 1 und 2 in der Form verwendet, daß alle ungeraden Stellenwerte mit 2 und alle geraden Stellenwerte mit 1 multipliziert werden (hierbei werden teilweise auch andere Gewichte verwendet, zum Beispiel von der Einerstelle der Nummer ausgehend, die Faktoren 1, 3, 9, 7, 1, 3...). Bei der Berechnung geht man wie folgt vor:

- Multiplikation jeder Ziffer mit ihrem Gewicht,
- Addition der Produkte,
- Division der Summe der Produkte durch 10 und Feststellung des Divisionesrestes 5,
- der Divisionsrest selbst oder die Differenz dieses Restes zu 10 (weil 10 der Modul ist) ist die Prüfziffer.

Die Kundennummer ist sechsstellig. Vom Anwender muß jedoch immer der siebenstellige Ordnungsbegriff (Kundennummer + Prüfziffer) eingegeben werden.

Beispiel:

Kunden-Nr.	431785						
Ziffer n	4	3	1	7	8	5	
Gewicht f	1	2	1	2	1	2	
Produkt n * f	4	6	1	14	8	10	
Summe	4 +	6 +	1 +	14 +	8 +	10	= 43

Summe/Modul = Quotient (Ganzzahlteil und Rest)
43 / 10 = 4 Rest 3

Als Prüfziffer wird der Divisionsrest direkt verwendet, die Prüfziffer ist 3 und der Ordnungsbegriff besteht aus der Ziffernfolge 4317853.

Wird durch einen Drehfehler 4137853 eingegeben, so ergibt sich bei der Berechnung des Teilungsrestes ein Wert von 1, der mit der eingegebenen Prüfziffer 3 nicht übereinstimmt.

Prüfziffernverfahren geben keinen hundertprozentigen Schutz. So wird zum Beispiel beim angeführten Beispiel ein Drehfehler über drei Stellen der Form 314 statt 413 nicht erkannt.

12.2 Datenschutz

Lernziele:

Sie kennen die Gründe für den Datenschutz und die Rechte der Betroffenen.

Technischen Entwicklungen stehen oft auch negative Folgen entgegen. Bei der modernen Datenverarbeitung und Datenkommunikation drückt sich dies zum Beispiel in der Gefahr des Mißbrauchs und der unerlaubten Manipulation von Daten aus.

Der Datenschutz hat die Aufgabe, Daten vor Zweckentfremdung und Mißbrauch zu schützen.

12.2.1 Gründe für den Datenschutz

Sie erhalten jeden Monat eine Überweisung über ein bestimmtes Nettogehalt und fahren einen Mittelklassewagen. Jedes Jahr buchen Sie einen Skiurlaub. Vor kurzem wurden Sie in einen Tennisklub aufgenommen. Gerade haben Sie sich eine Kreditkarte zugelegt. Bald darauf flattern Ihnen Angebote von Kfz-Händlern und Sportgeschäften ins Haus. Die Angebote klären Sie darüber auf, daß Ihre Kreditkarte willkommen ist und Sie in Ihrer Gehaltsklasse bestimmte Kreditkonditionen in Anspruch nehmen können. Da wird

Ihnen klar, daß Informationen über Sie in falsche Hände gekommen sind. Vielleicht beschleicht Sie nun das Gefühl, für Ihre Umwelt transparent geworden zu sein, und Sie erinnern sich an die Vision des „Großen Bruders“ aus Orwells „1984“.

Man spricht in diesem Zusammenhang vom „gläsernen Bürger“, der seine Lebensumstände, Verhältnisse und Gewohnheiten nicht vor seinen Mitmenschen zu verbergen vermag. Die Vorstellung, alle Informationen über die eigene Person könnten für andere verfügbar sein, ist erschreckend. Es gibt eine Menge Informationen, die wir gerne vor den Mitmenschen geheimhalten. Dem Wunsch jedes Menschen, die eigene Privatsphäre vor dem Eindringen der Öffentlichkeit zu schützen, trägt auch das Grundgesetz Rechnung. In Artikel 2 verbürgt es das Recht auf freie Entfaltung der Persönlichkeit.

In den letzten Jahrzehnten hat der Informationsbedarf in Wirtschaft und Verwaltung zugenommen. Immer mehr Daten sind notwendig, um Wirtschaftsprozesse zu steuern. Ohne die EDV ist das nicht möglich. Alle Unternehmungen und Verwaltungsstellen bauen Datenbanken auf, in denen sie Daten über Bürger speichern. Telekommunikation verbindet Rechner miteinander. Schnell sind Daten aus verschiedenen Quellen zusammengestellt und ausgewertet. Alle über einen Bürger gespeicherten Daten könnten zu einer Art Biographie vereint werden. Die über Personen gesammelten Daten bedeuten stärkere Kontrollmöglichkeiten, also Macht.

Um die mißbräuchliche Verwendung von Angaben über die Verhältnisse von Personen (personenbezogene Daten) besser bekämpfen zu können, ist im Jahre 1979 das **Bundesdatenschutzgesetz** (BDSG) in Kraft getreten. Die Bestimmungen des BDSG ergänzen bereits früher erlassene Vorschriften des Strafgesetzbuches und der Abgabenordnung über den Schutz von persönlichen Informationen.

Unter Datenschutz versteht man die Vorkehrungen und Maßnahmen zum Schutz persönlicher Angaben über Bürger bei der Datenverarbeitung vor widerrechtlicher Verwendung und Weitergabe.

12.2.2 Schutzbedürftige Personen und Daten

Den Vätern des BDSG kam es in erster Linie auf den Schutz des Bürgers an. In § 1 hebt es auf die „schutzwürdigen Belange der Betroffenen“, das heißt der Bürger, ab. Um die Interessen der Bürger zu wahren, will das BDSG ihre „personenbezogenen Daten vor Mißbrauch“ bei der Datenverarbeitung schützen. Der Schutz bezieht sich nur auf Daten von im juristischen Sinne „natürlichen“ Personen.

Doch nicht alle Angaben über Personen genießen den gleichen Schutz. Namen, Titel, akademische Grade, Geburtsdatum, Berufsbezeichnung, Anschrift und Telefonnummer gelten als sogenannte „freie“ Daten. Sie dürfen weitergegeben werden, wenn die Betroffenen kein berechtigtes Interesse an ihrer Geheimhaltung haben. Die meisten dieser Daten stehen sowieso im öffentlichen Adress- oder Telefonbuch.

Daten, die nicht natürliche Personen betreffen, zum Beispiel Betriebsgeheimnisse, patentierte Rezepturen usw. schützt das BDSG nicht. Auch Daten juristischer Personen, wie Firmen, bezieht das BDSG nicht mit ein.

Eine wichtige Ausnahme bildet eine Bestimmung, wonach das BDSG seinen Schutz dann verweigert, wenn persönliche Angaben durch Presse, Rundfunk oder Film veröffentlicht werden. Hier wurde ein Zugeständnis an die Pressefreiheit gemacht.

12.2.3 Rechte der Betroffenen

Das BDSG ist für den Bürger da. Aus diesem Grund gibt es dem Bürger Rechte an die Hand, damit er den Datenschutz kontrollieren kann.

Recht auf Benachrichtigung

Wenn Daten erstmalig gespeichert werden, ist der Betroffene davon zu benachrichtigen, es sei denn, er erhält auf andere Weise Kenntnis von der Speicherung seiner Daten (zum Beispiel durch Geschäftsbedingungen beim Vertragsabschluß). Speichern Behörden erstmalig persönliche Daten über einen bestimmten Personenkreis, sind sie verpflichtet, diese Maßnahme durch Veröffentlichung bekannt zu machen.

Recht auf Auskunft

Grundsätzlich ist jede private oder öffentliche Stelle verpflichtet, dem Betroffenen Auskunft über die zu seiner Person gespeicherten Daten zu geben. Davon ausgenommen: Verfassungsschutz, Bundesnachrichtendienst, militärischer Abschirmdienst, Bundeskriminalamt, Staatsanwaltschaft, Polizei und Finanzbehörden.

Recht auf Berichtigung

Unrichtige Daten müssen auf Antrag des Betroffenen berichtigt werden. Er muß die Unrichtigkeit der Daten selbst nachweisen.

Recht auf Sperrung

In Fällen, in denen sich weder die Richtigkeit noch die Unrichtigkeit von Daten zweifelsfrei feststellen läßt, muß die speichernde Stelle die entsprechenden Angaben sperren. Dies ist in der Regel eine vorübergehende Maßnahme. Die Sperrung geschieht durch einen Sperrvermerk. Daten mit Sperrvermerk dürfen nur noch in besonderen Fällen (Beweisnot, wissenschaftliche Zwecke) verwendet werden.

Auch wenn Daten für ihren ursprünglichen Zweck nicht mehr gebraucht werden (zum Beispiel Vertragsverhältnis beendet), sind sie zu sperren, wenn eine Löschung aus vertraglichen oder gesetzlichen Gründen nicht in Frage kommt.

Recht auf Löschung

Hat eine Stelle Daten unrichtig oder unzulässig gespeichert, muß sie die Daten löschen. Auch wenn der Grund für eine Speicherung von Daten entfällt, kann der Betroffene die

Löschung verlangen. Dabei sind jedoch Aufbewahrungsfristen nach anderen Gesetzen zu beachten.

Recht auf Anrufung

Das BDSG sieht Kontrollinstanzen vor, die die Einhaltung der Datenschutzbestimmungen sicherstellen sollen. Unterste Instanz ist der/die Datenschutzbeauftragte eines Betriebs oder einer Behörde. Er/sie ist dafür verantwortlich, daß die verarbeitende Stelle die notwendigen Maßnahmen zum Datenschutz ergreift. Die Landesaufsichtsbehörden für den Datenschutz kontrollieren private Betriebe, während der/die Bundesbeauftragte für den Datenschutz für alle Bundesbehörden zuständig ist. Die Landesbeauftragten für den Datenschutz prüfen die öffentlichen Stellen der Länder. Fühlt sich ein Bürger in seinen Rechten verletzt, kann er sich an das zuständige Kontrollorgan wenden und einen Antrag auf Prüfung stellen. Als weitere Möglichkeit steht ihm offen, über die Gerichte sein Recht zu erstreiten.

12.2.4 Pflichten speichernder Stellen

Das BDSG verlangt von der speichernden Stelle, das Datengeheimnis zu wahren. Sie steht in der Verantwortung und muß ihre mit der Datenverarbeitung befaßten Mitarbeiter schriftlich zur Einhaltung des Datengeheimnisses verpflichten. Sie hat ihre Mitarbeiter über ihre Pflichten zu belehren und für ihre Aufgaben zu schulen. Damit will das BDSG das Bewußtsein der Mitarbeiter für den Datenschutz aktivieren.

Ein **Datenschutzbeauftragter** ist von jedem Betrieb zu bestellen, der mindestens fünf Mitarbeiter mit der automatischen Verarbeitung personenbezogener Daten beschäftigt. Wird die Mitarbeiterzahl nicht erreicht, muß sich der Unternehmer selbst um die Einhaltung der Datenschutzvorschriften kümmern. Vom Datenschutzbeauftragten verlangt das BDSG Fachkunde und Zuverlässigkeit (Führungszeugnis).

Verstöße gegen Datenschutzvorschriften ahndet das BDSG mit Geld- und Freiheitsstrafen sowie Geldbußen. Freiheitsstrafe bis zu einem Jahr oder Geldstrafe droht dem, der zu schützende Daten sich beschafft, weitergibt oder verändert. Wenn er in der Absicht handelt, sich oder andere zu bereichern oder jemandem Schaden zuzufügen, kann die Freiheitsstrafe bis zu zwei Jahre betragen.

12.3 Datensicherung

Lernziele:

Sie kennen einige Maßnahmen gegen den Verlust von Daten.

12.3.1 Gründe für die Datensicherung

Vielleicht haben Sie auch schon einmal eine Diskette formatiert und später festgestellt, daß sie Dateien enthielt, die Sie noch benötigten. Zu spät! Oder eine schlecht verkabelte Steckdose schmort. Kurzschluß, und Ihr PC verabschiedet sich, wobei er Stunden mühevoller Arbeit schlicht vergißt. Schlimmer noch, ein Magnetkopf berührt Ihre Festplatte. Headcrash, die Daten schmelzen dahin. 20, 40 oder mehr Megabyte an Programmen und Nutzdaten sind auf einen Schlag unwiederbringlich verloren.

Mißgünstige Zeitgenossen können Ihnen mit illegalen Mitteln Schaden zufügen. Ein weitverbreitetes Übel sind Computerviren, kleinere Programme, die sich in Programmen einnisten und von dort aus sich selbst reproduzieren. Entweder sofort oder zu einem vorbestimmten Zeitpunkt können sie wichtige Teile der Festplatte (zum Beispiel FAT) zerstören. Ganz anders geartet sind Schäden durch Datendiebstahl und Weitergabe von geheimen Informationen über Personen oder Betriebsgeheimnisse.

Der Katalog der möglichen Gefährdungen ließe sich beliebig fortsetzen. Doch die Beispiele zeigen schon, daß der Sicherung wichtiger Datenbestände gegen Verlust, Diebstahl, Verfälschung und unbefugte Weitergabe große Bedeutung zukommt.

Zu den Aufgaben der Datensicherung gehören auch Vorkehrungen, um gelöschte Daten, die zum Beispiel wegen einer teilweise zerstörten Magnetschicht eines Magnetschichtspeichers nicht mehr alle lesbar sind, wiederzugewinnen.

Diese Sicherung, die ebenfalls in den Zuständigkeitsbereich des Anwenders fällt, geschieht am besten durch Aufbewahrung eines Duplikats des Speicherinhaltes. Ob hierbei die Speichermedien von Originaldatei und Duplikat übereinstimmen oder nicht, spielt keine Rolle. Entscheidend ist, daß, wenn nun mal Daten einer Datei verlorengegangen sind, diese über das Duplikat doch noch zur Verfügung stehen. Auch die Aufbewahrung der Erfassungsbelege oder der zur Dateneingabe verwendeten Datenträger würde dies – wenn auch auf umständliche Weise – zulassen. Sehr häufig dupliziert man Speicherinhalte auf Magnetbänder, die dann lediglich zur Datensicherung unter Umständen in feuersicheren Schränken aufbewahrt und im Normalfall nie eingesetzt werden.

Speziell bei der Fortschreibung von Magnetbanddateien wird für die Datensicherung die sogenannte „Vater-Sohn"-Methode angewendet. Die aktualisierte neue Banddatei stellt den „Sohn" dar, das Ursprungsband, die alte fortzuschreibende Datei also den „Vater". Zur Datensicherung wird jeweils das „Vater"-Band aufbewahrt, da mit ihm, zusammen mit den Datenträgern der neu hinzugekommenen Daten, bei Verlust des „Sohn"-Bandes eine eindeutige Rekonstruktion der aktuellen Datei möglich ist. Erst wenn bei einer weiteren Fortschreibung das „Vater"-Band quasi zum „Großvater"-Band wird, kann es überschrieben bzw. gelöscht und als Datenträger für die neue „Sohn"-Datei verwendet werden.

Das BDSG fordert von datenverarbeitenden Stellen besondere Maßnahmen zur Sicherung personenbezogener Daten. Darüber hinaus muß jeder Betrieb und jede Behörde weitere Datensicherungsmaßnahmen ergreifen, um auch sachbezogene Daten zu schützen (zum Beispiel die Daten der Finanzbuchhaltung, über Fertigungsverfahren, Baupläne usw.).

Unter Datensicherung versteht man alle Vorkehrungen und Maßnahmen, die Daten vor Verlust, Diebstahl und Verfälschung schützen.

12.3.2 Maßnahmen der Datensicherung

Das BDSG verpflichtet speichernde Stellen, die im Gesetz aufgelisteten „zehn Gebote" des Datenschutzes zu beachten. Zehn besondere Maßnahmen unterstützen die Ausführung des Gesetzes.

1. Zugangskontrolle

Der Zugang zu DV-Anlagen, mit denen personenbezogene Daten verarbeitet werden, unterliegt der Kontrolle. Nur ein befugter Personenkreis hat Zutritt.

Mögliche Maßnahmen: Closed-Shop-Betrieb mit automatischen Ausweislesern.

2. Abgangskontrolle

Das unbefugte Entwenden von Datenträgern muß verhindert werden.

Mögliche Maßnahmen: Kontrolle von Taschen und Gepäckstücken der Beschäftigten.

3. Speicherkontrolle

Das unbefugte Speichern von Daten sowie die Kenntnisnahme, Veränderung und Löschung von Daten ist zu unterbinden.

Mögliche Maßnahmen: Prüfung der Zugriffsberechtigung mit Paßwort, Verschlüsseln von Daten.

4. Benutzerkontrolle

Unbefugte sollen DV-Anlagen, die personenbezogene Daten verarbeiten, nicht benutzen dürfen.

Mögliche Maßnahmen: Berechtigungsprüfung, Räume nachts verschließen.

5. Zugriffskontrolle

Diese Bestimmung soll sicherstellen, daß alle Personen an Datenstationen nur auf die Datenbestände zugreifen, für die sie eine Zugriffsberechtigung besitzen.

Mögliche Maßnahmen: Für jede Datenstation Zugriffsprotokoll mit Zeitpunkt des Zugriffs.

6. Übermittlungskontrolle

Jederzeit muß festzustellen sein, woher und wohin personenbezogene Daten durch Datenstationen übertragen werden.

Mögliche Maßnahmen: Protokollierung der Datenübertragung, Festlegung der Aufgaben für bestimmte Datenstationen.

7. Eingabekontrolle

Nachträglich muß nachgewiesen werden können, von wem und zu welcher Zeit personenbezogene Daten eingegeben wurden.

Mögliche Maßnahmen: Protokollierung von Datenstationkennung, Benutzerkennung und Eingabezeit.

8. Auftragskontrolle

Verarbeitet eine Firma in fremdem Auftrag personenbezogene Daten, hat sie sich strikt an die Weisungen des Auftraggebers zu halten.

Mögliche Maßnahmen: vertragliche Vereinbarungen, Anweisungen an die Mitarbeiter.

9. Transportkontrolle

Bei der Übermittlung und beim Transport personenbezogener Daten dürfen diese nicht von Unbefugten gelesen, verändert oder gelöscht werden.

Mögliche Maßnahmen: Verschlüsseln von Daten zur Übermittlung, abgeschlossene Transportbehälter für Datenträger.

10. Organisationskontrolle

In den Behörden und Betrieben sind organisatorische Maßnahmen zu treffen, die den Anforderungen des Datenschutzes gerecht werden.

Mögliche Maßnahmen: vertragliche Verpflichtung der Mitarbeiter, Katalog von Verarbeitungsregeln aufstellen.

Die vom Gesetzgeber im BDSG vorgeschriebenen Maßnahmen für die Sicherung personenbezogener Daten reichen nicht aus. Auch sachbezogene Daten der Behörden und Betriebe brauchen Sicherung vor Diebstahl, Verlust und Verfälschung. Maßnahmen der Datensicherung können technischer, programmtechnischer und organisatorischer Art sein.

Beispiele: Das Abschließen einer Datenstation ist eine technische Maßnahme, die Prüfung eines Paßworts eine programmtechnische und die Kontrolle des Zugangs zum Rechenzentrum eine organisatorische. Die folgende Liste von Maßnahmen ist nicht vollständig, sie zeigt einige Beispiele organisatorischer, programmtechnischer und technischer Art.

Beispiele:

Technische Maßnahmen	Einbruchsicherungen, Tresore, Feuerschutz, Bunker gegen Sprengstoffattentate, Kontrollbit, Parallelrechnersystem.
Programmtechnische Maßnahmen	Berechtigungskontrolle, Paßwortschutz, Prüfziffern, Plausibilitätskontrolle, Logging, Generationenprinzip.
Organisatorische Maßnahmen	Zugangsberechtigungen zu Datenträgern, Closed-Shop-Betrieb, Personalkontrollen, Liste von Verhaltensregeln, Mitarbeiterschulung, Datenschutzbeauftragter.

12.4 Datenbanken

Lernziele:

Sie kennen den Begriff der Datenbanken.

Eine umfassende Sammlung von Dateien, zum Beispiel alle Daten eines Industrieunternehmens, die über ein Datenverwaltungssystem zur Pflege, Auswahl, Sortierung und ähnliches bearbeitet wird, bezeichnet man als Datenbank.

Man unterscheidet folgende grundsätzlichen Dateioperationen:

Einfügen: Ein neuer Datensatz soll in die Datei aufgenommen werden.
Löschen: Ein vorhandener Datensatz soll aus der Datei entfernt werden.
Ändern: Der Inhalt eines vorhandenen Datensatzes soll geändert werden.
Suchen: Ein bestimmter Datensatz soll aufgefunden werden.

Aus diesen Operationen eines Datenbankverwaltungssystem können leicht die Ziele der Organisation eines Datenbanksystems abgeleitet werden:

- schneller Zugriff auf einzelne Datensätze,
- leichte, das heißt anwenderfreundliche Aktualisierung,
- Auswertungsmöglichkeit nach beliebigen Ordnungskriterien,
- Verknüpfung mehrerer Dateien.

Ohne auf Details näher einzugehen, soll hier nur kurz beschrieben werden, daß grundsätzlich zwischen zwei Datenbankmodellen unterschieden wird.

- hierarchische Datenbanken (IBM DL/1, IBM IMS, SIEMENS, UDS),
- relationale Datenbanken (z.B. DB2, SQL/DS, ORACLE, INFORMIX, dBASE).

Bei hierarchischen Modellen werden alle Beziehungen durch eine strenge Baumstruktur dargestellt. Entsprechend der Hierarchiestufe werden dabei ein- oder mehrstufige Datenbankmodelle unterschieden. Den Weg von der obersten Ebene zu den verschiedene Attributen bezeichnet man als **Zugriffspfad**.

Modernere Datenbanksysteme verzichten auf solche Strukturen. **Relationale Datenbankmodelle** verwenden statt dessen zweidimensionale Tabellen (Tabelle = Relation) mit einer festgelegten Zahl von Zeilen und Spalten. Jeder Datensatz entspricht einer Tabellenzeile, die Datenfelder werden durch die Spalten gebildet. In den letzten Jahren haben die relationalen Datenbank gegenüber den hierarchischen Datenbanken aufgeholt und an Marktanteil gewonnen.

12.5 Ergonomie

Lernziele:

Sie kennen die Merkmale für die ergonomische Gestaltung von Bildschirmarbeitsplätzen.

Die immer größere Verbreitung von EDVS in der Arbeitswelt zwingt dazu, auch die ergonomischen Aspekte der Arbeitsplatzgestaltung künftig noch stärker zu berücksichtigen.

Gesichtpunkte, die dabei eine Rolle spielen, sind[1]:

- Armhaltung,
- Augenabstand,
- Beleuchtung,
- Bildschirm (Neigungsverstellung, Strahlung, Zeichengröße und -darstellung, Farbe),
- Blendfreiheit (Tischplatte, Wand, Beleuchtung),
- Greifraum (Anordnung der Arbeitsmittel),
- Konzepthalter,
- Kopfdrehung,
- Kopfneigung,
- Position des Bildschirms (90° zum Fenster),
- Stuhl (Rückenstütze, Stabilität, Höhenverstellung),
- Tisch (Höhenverstellung, Größe, Beinfreiheit).

Ein Beispiel für einen ergonomisch gestalteten Arbeitsplatz zeigt die folgende Abbildung. Kritisch anzumerken wäre allerdings, daß eine Neigungsverstellbarkeit des Bildschirms anzustreben ist, um sicherzustellen, daß der Blick im rechten Winkel auf den Bildschirm treffen kann.

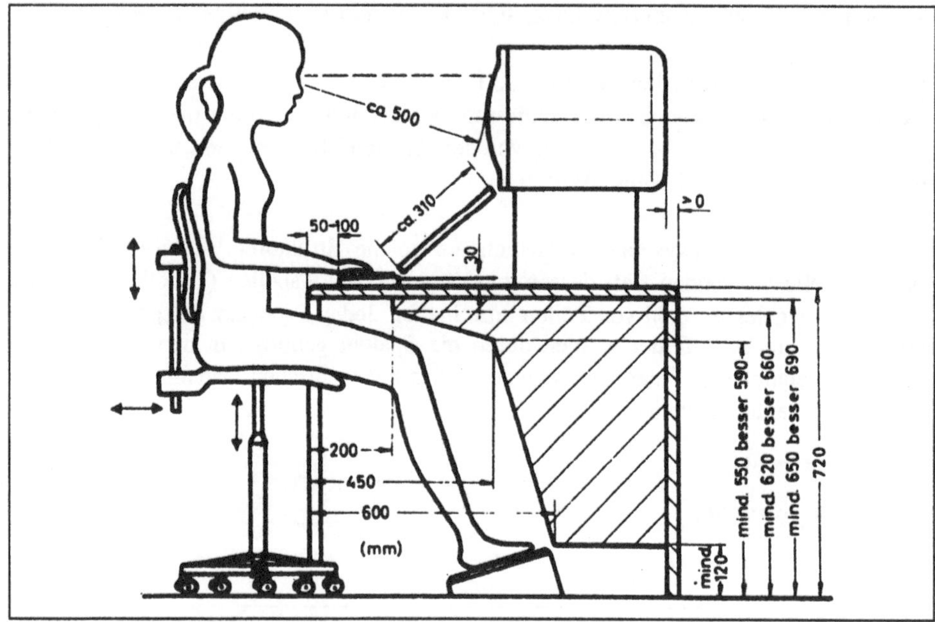

Abbildung 49: Beispiel eines ergonomisch sinnvoll gestalteten Arbeitsplatzes[2]

1 Literaturhinweis: Arbeiten mit dem Bildschirm – aber richtig; Bayerisches Staatsministerium für Arbeit und Sozialordnung; dort insbesondere: Checkliste für Arbeitsplätze mit Bildschirmen

2 vgl. : Maßstab Mensch; Das Magazin zur Fernsehserie 1/2; IDG Communications Verlag AG, München

Neben der technischen Arbeitsplatzgestaltung kommt der Software-Ergonomie eine immer größere Bedeutung zu. Die Schwierigkeit einer sinnvollen Softwaregestaltung liegt in den sehr unterschiedlichen Arbeits- und Benutzeranforderungen. Folgende Gebote sollten für die Software-Gestaltung beachtet werden[1]:

Gebot 1: Aufgabenangemessenheit
Die Eigenschaften des Dialogsystems sollten die Arbeitsaufgabe des Anwenders unterstützen, ohne ihn unnötig zu belasten. Der Anwender sollte nicht mehr Zeit dafür verwenden, die Funktionen des Systems zu verstehen und benutzen zu können, als er für seine eigentliche Aufgabe benötigt.

Gebot 2: Selbstbeschreibungsfähigkeit
Ein Dialog ist selbstbeschreibungsfähig, wenn die einzelnen Dialogschritte unmittelbar verständlich sind und der Benutzer auf Verlangen von dem Dialogschritt entsprechende Erläuterungen erhalten kann.

Gebot 3: Steuerbarkeit
Der Benutzer sollte Geschwindigkeit des Ablaufs, Auswahl und Reihenfolge von Arbeitsschritten sowie Art und Umfang von Ein- und Ausgaben beeinflussen können.

Gebot 4: Erwartungskonformität
Befehle und Funktionen sollten immer an der gleichen Position angeordnet sein.

Gebot 5: Fehlerrobustheit
Eingabefehler sollten mit dem geringstmöglichen Aufwand rückgängig gemacht werden können.

1 Quelle: Sicherheitsregeln für Bildschirm-Arbeitsplätze im Bürobereich; Verwaltungs-Berufsgenossenschaft

Aufgaben zur Selbstüberprüfung:

98. Nach welchem Prinzip funktioniert das Überprüfen numerischer Ordnungsbegriffe anhand von Prüfziffern?
99. Welche Aufgabe hat der Datenschutz?
100. Welche Rechte haben die Betroffenen nach dem Datenschutzgesetz?
101. Was versteht man unter Datensicherung?
102. Zählen Sie die Maßnahmen zur Datensicherung auf!
103. Was versteht man unter einer Datenbank?
104. Welche grundlegenden Dateioperationen kann man unterscheiden?
105. Welche Ziele werden mit der Organisation eines Datenbankssystems verfolgt?
106. Welche grundsätzlichen Datenbankmodelle kann man unterscheiden, und welche Strukturen liegen diesen zugrunde?
107. Nennen Sie wichtige Gesichtspunkte zur ergonomisch richtigen Gestaltung eines Bildschirmarbeitsplatzes!

Verzeichnis der Abbildungen und Tabellen

Lösungen der Aufgaben zur Selbstüberprüfung

1. Bis zum Jahr 2000 werden 64 Prozent der Arbeitsplätze mit Geräten der Datenverarbeitung ausgestattet sein. Dies wird dazu führen, daß kaum ein Beruf ohne Datenverarbeitungskenntnisse auskommen wird.

2. Mathematische Berechnungen, Auswertung von Datenbanken, Datenfernübertragung (Datenkommunikation), Steuerungsverfahren, Meßverfahren.

3. Daten sind Informationen über Personen, Dinge und Sachverhalten. Beispiele: Anschriften, Artikelpreise, Stundenlöhne, Berufsgruppen, Vorstrafen.

4. Gruppierungen:
   Nach dem Aufbau der Zeichen:
   - numerische Daten, 112,67,
   - alphanumerische Daten, Texte,

   nach dem Verwendungszweck:
   - Ordnungsdaten, Kundennummer,
   - Mengendaten, Bestellmenge.

   nach der Beständigkeit:
   - Stammdaten, Personalstammdaten (Steuerklasse, Familienstand),
   - Bewegungsdaten, gearbeitete Wochenstunden.

5. a) 134 = Numerisch, Mengendatum, Bewegungsdatum
   b) alphanumerisch (M !), Ordnungsdatum, Stammdatum

6. Datenverarbeitung bedeutet mit Daten rechnen, speichern und vergleichen, das heißt Daten umsetzen.

7. Das E-V-A-Prinzip ist das Grundprinzip der Datenverarbeitung und bedeutet Eingabe-Verarbeitung-Ausgabe von Daten.

8. Die Datenverarbeitung wird durch zwei Hauptanwendungsgebiete dominiert, der technischen und administrativen Anwendung. Administrative Anwendungen sind ein/ausgabintensiv und verlangen relativ geringe Rechnerleistungen, während technisch-wissenschaftliche Anwendungen durch geringen Ein/Ausgabeaufwand bei hoher Rechnerintensität gekennzeichnet sind.

9. Erhöhung der Wirtschaftlichkeit und Rentabilität des Unternehmens.

10. Eingabegeräte, Zentraleinheit, Ausgabegeräte.

11. Zentraleinheit und Peripherie (Bildschirm, Tastatur, Disketten/Platteneinheiten, Drucker).

12. Prozessor, Zentralspeicher, Ein/Ausgabewerke, Bussystem.

13. Das Rechenwerk führt Berechnungen aus. Dagegen werden im Steuerwerk alle Vorgänge geregelt und überwacht. Berechnungen, Vergleiche, Ausgaben oder Speichervorgänge werden vom Steuerwerk veranlaßt.

14. RAM und ROM sind Bestandteile des Zentralspeichers. Ein RAM ist in der Lage, Daten zu speichern und zu lesen, während im ROM nur Daten gelesen werden können. Die Informationen sind also dauerhaft gespeichert.

15. Ein/Ausgabewerke dienen der Übertragung von Daten aus Eingabegeräten und externen Speichern in den Zentralspeicher oder zurück auf externe Speicher oder Ausgabegeräte.

16. Busse transportieren Adressen, Steuerimpulse und Daten innerhalb der Zentraleinheit und zu den Ein- und Ausgabegeräten.

17. Eingabegeräte:
    Tastatur, Scanner, Belegleser.
    Ausgabegeräte:
    Bildschirm, Drucker.
    Dialoggeräte:
    Datensichtgerät.
    Speichergeräte:
    Magnetband, Magnetplatte, Diskette, Bildplatten.

18. Bei der digitalen Darstellung von Daten werden die Daten aus einzelnen Zeichen aufgebaut. Bei der analogen Darstellung von Daten werden physikalisch die Größenangaben wiedergegeben.

19. Mikro-, Mini-, Groß-, Superrechner.

20. Kosten, Prozessorleistung, Hauptspeicher, Betriebssystem, Mehrplatzfähigkeit, Verarbeitungsleitung.

21. Entstehung – Erfassung – Verarbeitung – Auswertung

22. Die Datenerfassung ist ein arbeitsintensiver und weitgehend manueller Arbeitsgang, der sich nur in beschränktem Umfang automatisieren läßt. Die Verarbeitungsgeschwindigkeit des Computers ist um ein Vielfaches höher als die Eingabegeschwindigkeit des Menschen.

23. Man unterscheidet zwischen peripheren und internen Prüftechniken. Bei den peripheren Prüftechniken werden Daten vor Weitergabe an die DVA auf Richtigkeit überprüft. Bei den internen Prüftechniken geschieht dies, nachdem die Daten schon in der Zentraleinheit sind.

24. Maßnahmen zur Fehlerverringerung sind:
    - intensive und regelmäßige Schulung des Personals,
    - ständige Kontrollen und Fehlerhinweise,
    - Schaffung von Anreizen,
    - Schaffung von optimalen Arbeitsbedingungen.

25. Der Kostenbereich „Verarbeitung“ erbrachte einen Rückgang des Aufwands, während bei der Datenerfassung der Aufwand sogar noch angestiegen ist.

26. Man unterscheidet die Phasen
Erkennen – Bilden – Fixieren – Umwandeln

27. on-line-Gerät = Betrieb in direkter Verbindung mit dem Rechner;
off-line-Gerät = Betrieb getrennt vom Rechner

28. Vorteil: Daten stehen unmittelbar nach Eingabe im Rechner zur Verfügung. Einsatzgebiete zum Beispiel Buchungssysteme, Kontoführung.

29. Es werden maschinenlesbare Primärdatenträger zur Dateneingabe verwendet.

30. Bei der indirekten Datenerfassung werden die Daten auf einem maschinell lesbaren Datenträger erfaßt, zum Rechner transportiert und dort über Eingabegeräte zur Verarbeitung eingelesen.

31. Jedes Medium, auf dem Daten aufgezeichnet werden können, ist ein Datenträger.

32. Beim Start-Stopp-Verfahren wird blockweise aufgezeichnet. Das Band wird aus ruhender Position auf die Schreib/Lesegeschwindigkeit beschleunigt, der Datenblock geschrieben/gelesen und danach wieder bis zur Ruheposition abgebremst. Zwischen jedem Datenblock entsteht dadurch eine Kluft. Auf dem Band werden die Daten in Spuren parallel zur Laufrichtung des Bandes geschrieben; dabei bildet eine Bandsprosse ein Zeichen.

33. Magnetbänder werden heute fast nur noch zur Datensicherung eingesetzt, da das sequentielle Speichern nur den Reihenfolgezugriff zuläßt.

34. Magnetplatten erlauben einen direkten (wahlfreien) Zugriff auf die Daten, was die Zugriffszeit beträchtlich verkürzt. Bei der heute weit verbreiteten On-line-Verarbeitung ist diese Speicherform unbedingt erforderlich.

35. Die Diskette wird in Spuren und Sektoren eingeteilt. Ein Sektor ist die kleinste adressierbare Einheit einer Diskette.

36. Geldautomaten, Kreditkarten, Identkarten.

37. Zählerstandserfassungen, Fragebogen bei der Marktforschung, Inventurformulare.

38. Die Lesbarkeit beruht auf dem Hell-/Dunkelunterschied und der Form der Kontur.

39. Speicherkapazität, Zugriffszeit, Zugriffsart, Permanenz, Kosten.

40. Sequentieller (Reihenfolgezugriff) und wahlfreier (direkter) Zugriff.

41. Externe Speicher: Magnetschichtspeicher, permanente Speicher
Interne Speicher: Halbleiterspeicher, temporäre Speicher

42. Die Speicherkapazität wird in Kilobyte gemessen.

43. Folgende Organisationsformen zur Speicherung von Datenbeständen werden unterschieden:
sequentielle, gestreute, index-sequentielle und gekettete Speicherorganisation.

44. Bei der index-sequentiellen Speicherorganisation erhält man die Speicheradresse eines Datensatzes aus dem Index, der eine Art Inhaltsverzeichnis darstellt. Bei der gestreuten Speicherorganisation wird die Speicheradresse eines Datensatzes aus dem Ordnungsbegriff dieses Datensatzes errechnet. Bei der index-sequentiellen Speicherorganisation erfolgt die Zuordnung vom Ordnungsbegriff zum Speicherplatz durch eine Tabelle, bei der gestreuten Speicherorganisation durch Berechnung.

45. Externe Speicher werden verwendet zur:
   - Speicherung großer Datenbestände,
   - Zwischenspeicherung von Ein- und Ausgabedaten,
   - Speicherung von Programmen,
   - Zwischenspeicherung von Programmteilen (Unterprogramme, Prozeduren).

46. Magnetplatten, Magnetbänder, Disketten.

47. Ein Programm ist eine Arbeitsvorschrift. Es besteht aus einer geordneten Folge von Anweisungen. Ein Programm sorgt für die Eingabe, Verarbeitung und Ausgabe der Daten.

48. Maschinenorientierte Programmiersprachen sind anlagenbezogen, das heißt, sie sind der technischen Konzeption der jeweiligen Datenverarbeitungsanlage angepaßt. Maschinenorientierte Programmiersprachen werden unterteilt in die Maschinensprachen und die maschinennahen Sprachen.

49. Problemorientierte Programmiersprachen zeichnen sich dadurch aus, daß sie anlagenunabhängig und auf das zu lösende Problem ausgerichtet sind. Sie werden weiter unterteilt in die problemorientierten Universalsprachen und die problemorientierten Spezialsprachen.

50. Programme, die in problemorientierten Programmsprachen geschrieben sind, benötigen in der Regel mehr Speicherplatz und mehr Zeit zur Ausführung als in maschinenorientierte Sprachen geschriebene Programme. Die Möglichkeiten einer Datenverarbeitungsanlage lassen sich mit problemorientierten Sprachen nicht so gut ausnutzen wie mit maschinenorientierten Sprachen.

51. Unter dem Quellenprogramm versteht man das vom Programmierer in einer maschinennahen oder problemorientierten Sprache geschriebene Programm. Das Objektprogramm ist das vom Computer ausführbare Programm in der Maschinensprache. Mit Hilfe eines Übersetzungsprogramms wird das Quellenprogramm in das Objektprogramm übersetzt.

52. Typisch kommerzielle Sprachen sind COBOL und RPG. Universell einsetzbare Sprachen sind PL/1, FORTRAN und BASIC.

53. Beim Compiler wird das Quellprogramm in einem gesonderten Übersetzungslauf insgesamt in das Objektprogramm übersetzt. Die Ausführung des Programms kann erst nach vollständiger Übersetzung erfolgen. Das Objektprogramm liegt explizit vor und kann als solches abgespeichert werden. Vom Interpreter wird jede

Anweisung des Quellprogramms nach ihrer Übersetzung sofort ausgeführt. Ein Objektprogramm im eigentlichen Sinne liegt nicht vor, da ein gesonderter, vollständig in sich abgeschlossener Übersetzungslauf nicht stattfindet. Übersetzung und Ausführung gehen überlappt vor sich.

54. Die Gesamtheit aller Programme, die man zum Betreiben einer EDVA benötigt, bezeichnet man als Software.

55. Software läßt sich wie folgt gliedern:
Systemsoftware, Betriebssystem, Sprachübersetzer, Anwendersoftware, Standardprogramme, Individualprogramme.

56. Das Betriebssystem hat folgende Funktionen:
- Es stellt Möglichkeiten für die Behandlung von Datensammlungen (Dateien) zur Verfügung.
- Es weist Programmen und Daten automatisch Speicherplätze im Arbeitsspeicher zu und organisiert den Programmablauf.
- Es steuert die Ein- und Ausgabefunktionen. Nutzen mehrere Benutzer ein EDVS, so teilt es die Nutzung der Geräte einer EDVA zwischen ihnen ökonomisch auf.

57. Großrechner: MVS, VSE, mittleres System: UNIX, Mikrorechner: DOS, OS/2.

58. Das Betriebssystem DOS besteht aus folgenden Komponenten:
Steuerprogramme: regeln und überwachen die Funktionen des Rechners und steuern den Datenfluß.
Dienstprogramme: bewältigen allgemeine Aufgaben unabhängig von spezifischen Anwendungen.

59. Folgende Betriebsarten kann man unterscheiden:
- Einprogrammbetrieb,
- Mehrprogrammbetrieb: Einprozessorbetrieb,
  Mehrprozessorbetrieb.

60. Der Mehrprogrammbetrieb ist durch folgende Merkmale gekennzeichnet:
- Mehrere Programme befinden sich im Arbeitsspeicher.
- Die Programme werden miteinander zeitlich verzahnt abgearbeitet.
  Das Betriebssystem teilt den Programmen die Betriebsmittel zu.
- Die Programmausführung kann durch Prioritäten geregelt werden.
- Günstige Auslastung der EDVA, Wartezeiten entfallen weitgehend.
- Übliche Betriebsart für Mehrplatzsysteme (MDT- und Großcomputer).

61. Bei der Stapelverarbeitung werden Daten bis zum Verarbeitungszeitpunkt gesammelt und dann in einem Durchsatz verarbeitet, Beispiele: Lohn- und Gehaltsabrechnungen, Statistiken, Provisionsabrechnungen.

62. Bei der Dialogverarbeitung kommuniziert der Anwender direkt mit dem Rechner. Daten werden sofort erfaßt und verarbeitet. Dadurch sind die Datenbestände immer auf dem aktuellen Stand.

63. Die Verarbeitung der Daten wird einem Rechenzentrum übertragen, wobei es möglich ist, daß die Daten im Haus erfaßt, aber außer Haus verarbeitet werden. Gründe:
   - Der Kauf einer EDVA entfällt.
   - Kosten für Softwarebeschaffung und -pflege werden eingespart.
   - Die eingesetzte Hard- und Software des Service-Rechenzentrums ist immer auf dem neuesten Stand.
   - Kosten für Räume und Installation entfallen.
   - Personalkosten für EDV-Spezialisten (Programmierer, Operateure) entfallen, ebenso die permanente Schulung.
   - Die Kalkulation der durch die EDV außer Haus entstehenden Kosten ist einfacher und mit weniger Risiko behaftet.
   - Der Umfang der notwendigen Datensicherungsmaßnahmen ist relativ gering.

64. Technische Anwendungen: Hohe Rechnerintensität, geringer Eingabeaufwand. Administrative Anwendungen: geringe Rechnerintensität, hoher Ein-/Ausgabeaufwand.

65. Textverarbeitung, Tabellenkalkulation, Grafik, Datenbankverwaltung.

66. Word, pcTEXT, Lotus1-2-3, dBASE, Windows, Chart.

67. Das Angebot von Auswahlmöglichkeit statt der Eingabe von Kommandos bei der Nutzung von Software.

68. Beim Markieren eines Kommandos in der Befehlszeile „rollen" die Informationen zu dem markierten Kommando nach unten ab.

69. Der Anwender kann durch eine integrierte Hilfe-Funktion Informationen über Kommandos und Funktionen direkt im Dialog abrufen, statt im Handbuch oder der ergänzenden Literatur nachzuschlagen.

70. Anstelle von Textinformationen werden symbolisierte Realobjekte am Bildschirm angeboten, was die Arbeit, insbesondere für DV-Laien, erheblich vereinfacht.

71. Topologie nennt man die Verbindungsstruktur in Netzen, die Art und Weise wie Datenendstationen miteinander verbunden sind. Es gibt im wesentlichen die Strukturen Stern, Ring und Linie.

72. Die Möglichkeiten der Kommunikation zwischen intelligenten Datenstationen, des Zugriffs auf teure zentrale Ressourcen und die abnehmenden Kosten für LAN-Systeme sind die wesentlichen Gründe.

73. Token Ring und CSMA/CD (Ethernet).

74. Fernsprech-, Datex-P-, Datex-L- und ISDN-Netz.

75. Durch Anwählen im Telefonnetz entstehen Leitungsverbindungen, die so lange stehen bleiben, bis der Teilnehmer sie wieder abbaut. Bei Datex-P werden Datenpakete zum nächsten Knotenrechner geschickt, der sie an den Knotenrechner des

Adressaten weiterleitet. Es entsteht also keine feste Verbindung zwischen Teilnehmern. Telefongebühren sind zeit- und entfernungsabhängig, Datex-P-Gebühren sind mengenabhängig.

76. Mit E-Mail hat man die Möglichkeit, auf preiswerte Weise und papierlos Post (Dateien) zu versenden. Die Kommunikation zwischen den Teilnehmern ist weltweit zu fast allen E-Mail-Systemen möglich; so kann man sich Informationen zu vielen Wissensgebieten verschaffen. Die E-Mail-System der Bundespost heißt TELEBOX.

77. In der Projektierungsphase erfolgt die Planung des EDV-Einsatzes. Sie gliedert sich in die Schritte:
    - Erfüllung von Grundbedingungen,
    - Darstellung des Ist-Zustandes,
    - Problemanalyse,
    - Entwicklung der Soll-Konzeption.

78. Ergebnis der Projektierungsphase ist ein Abschlußbericht, in dem die Forderungen an die EDV und die Möglichkeit der Realisierbarkeit durch die EDV sowie ein Überblick über die Art und Weise der Realisierung und Vorstellungen über die Lösung durch die EDV niedergelegt sind. Anhand dieses Abschlußberichtes wird über die weitere Realisierung des geplanten Projekts beschlossen.

79. Grundbedingungen für einen wirtschaftlichen EDV-Einsatz sind:
    - ein umfangreicher Datenanfall,
    - sich ständig wiederholende Arbeitsprozesse.

80. Die Ist-Analyse gliedert sich in die Abschnitte:
    - Ermittlung der Betriebsstruktur,
    - Feststellung der Bearbeitungsregeln,
    - Analyse der Daten.

81. Ergebnis der Problemanalyse ist das Erkennen der auf die EDV zukommenden konkreten Probleme.

82. Bei der Entwicklung einer Soll-Konzeption werden die von der EDV zu lösenden Probleme dargelegt und Vorschläge zur Art der Problemlösungen gemacht. Insbesondere werden
    - Kapazitäten betrachtet,
    - Wirtschaftlichkeitsvergleiche angestellt,
    - neue Arbeitsabläufe entwickelt,
    - Anforderungen an die EDV ermittelt,
    - ein Realisierungsplan ausgearbeitet.

83. Die Einsatzvorbereitung läuft in folgenden Schritten ab:
    - Festlegung der Daten und Dateien,
    - Festlegung der Verarbeitungskonzeption,
    - Programmierung,

- Programmtest,
- Dokumentation.

84. Das Struktogramm hat die Funktion, den Programmierer zu einem übersichtlichen Programmdesign zu verhelfen. Es vereinfacht die Programmkonstruktion, indem es zu klaren Programmstrukturen und modularer Programmierung zwingt. Daneben dient das Struktogramm zur Programmdokumentation für spätere Änderungen.

85. Programmieren heißt Festlegung und computerverständliche Darstellung der zur Lösung einer Aufgabe erforderlichen Aufeinanderfolge von Arbeitsschritten. Programmieren beinhaltet die Erstellung des Programmablaufplanes und die anschließende Codierung.

86. An Testphasen unterscheidet man
   - Schreibtischtest,
   - formaler Test,
   - logischer Test.

   Im Falle einer Verknüpfung mehrerer Programme miteinander oder der Verwendung von Unterprogrammen gibt es zusätzlich noch den sogenannten Kett-Test.

87. Die Dokumentation von Programmen ist unbedingt notwendig, weil nur dadurch die Möglichkeit besteht, Korrekturen, Änderungen oder Ergänzungen im Programm vorzunehmen.

88. In der Übernahme- und Kontrollphase erfolgt der Übergang vom alten konventionellen Verfahren zum aktuellen Einsatz des neu entwickelten EDV-Verfahrens im täglichen Betriebsgeschehen.

89. Durch einen Parallel-Lauf zwischen dem alten konventionellen Verfahren und dem neu entwickelten EDV-Verfahren wird festgestellt, ob und wo Ungereimtheiten und Unstimmigkeiten auftreten. Durch Soll-/Ist-Vergleiche wird die Richtigkeit der Ergebnisse und die Durchführbarkeit der Verfahren sowie die Übereinstimmung mit dem projektierten Ablauf und die Wirtschaftlichkeit kontrolliert. Diese Parallel-Arbeiten und die Soll-/Ist-Vergleiche müssen über einen längeren Zeitraum hinweg durchgeführt werden.

90. Wichtigste Maßnahme ist die intensive Schulung der Mitarbeiter, um die Angst vor dem neuen System abzubauen. Außerdem sollten den Mitarbeitern die Vorzüge des Systems für ihre eigene Arbeit und für die Leistungsfähigkeit des Betriebs nahegebracht werden.

91. Der Datenflußplan zeigt den Fluß der Daten durch das EDV-System von der Erfassung bis zur Speicherung und Ausgabe. Es macht die durchlaufenen Stationen deutlich und zeigt so, wie der Ablauf organisiert ist.

92. Durch eine Linie mit Pfeilspitze.

93. Ja, es gilt für alle Listen und Belege.

94. In der Norm DIN 66001.

95. Konstruktions- und Dokumentationsfunktion.

96. Folge; einfache, zweifache und mehrfache Auswahl; Wiederholung.

97. Die strukturierte Programmierung verlangt vom Programmierer die Zerlegung eines Programmierproblems in Teilprobleme, die sogenannte top-down-Methode. Die Vorteile dieser Methode: kleine Programm-Module, die zu großen Einheiten zusammengesetzt werden, sind leichter zu entwickeln; die Programme werden übersichtlicher und lassen sich leichter pflegen (verändern).

98. Die Prüfziffer wird nach einem festgelegten mathematischen Verfahren berechnet und mit der Ordnungsnummer eingegeben. Dort findet ein Vergleich der eingegebenen mit der vom Rechner, nochmals auf Grund desselben mathematischen Verfahrens, errechneten Prüfziffer statt. Ist nun bei der Eingabe ein Fehler vorgekommen, so stimmen eingegebene und erneut berechnete Prüfziffer nicht überein; beim Vergleich wird die Abweichung festgestellt und ein Eingabefehler gemeldet.

99. Der Datenschutz hat die Aufgabe, Daten vor Zweckentfremdung und Mißbrauch zu schützen.

100. Betroffene haben folgende Rechte: Recht auf Benachrichtigung, Recht auf Auskunft, Recht auf Berichtigung, Recht auf Sperrung, Recht auf Löschung, Recht auf Anrufung.

101. Unter Datensicherung versteht man alle Vorkehrungen und Maßnahmen, die Daten vor Verlust, Diebstahl und Verfälschung schützen.

102. Das BDSG verpflichtet speichernde Stellen, die im Gesetz aufgelisteten „zehn Gebote" des Datenschutzes zu beachten:
Zugangskontrolle, Abgangskontrolle, Speicherkontrolle, Benutzerkontrolle, Zugriffskontrolle, Übermittlungskontrolle, Eingabekontrolle, Auftragskontrolle, Transportkontrolle, Organisationskontrolle.

103. Die Sammlung aller Dateien, die über ein Datenverwaltungssystem zur Pflege, Auswahl, Sortierung, Auswertung und ähnliches bearbeitet wird, bezeichnet man als Datenbank.

104. Einfügen – Löschen – Ändern – Suchen.

105. Ziele der Datenbankorganisation: schneller Zugriff, leichte Aktualisierung, gute Auswertungsmöglichkeit, Verknüpfungsmöglichkeit.

106. Hierarchische Datenbankmodelle – Baumstruktur;
Relationale Datenbankmodelle – Tabellenstruktur.

107. Armhaltung, Augenabstand, Beleuchtung, Bildschirm (Neigungsverstellung, Strahlung, Zeichengröße und -darstellung, Farbe), Blendfreiheit (Tischplatte, Wandbeleuchtung), Greifraum (Anordnung der Arbeitsmittel), Konzepthalter, Kopfdrehung, Kopfneigung, Position des Bildschirms (90° zum Fenster), Stuhl (Rückenstütze, Stabilität, Höhenverstellung), Tisch (Höhenverstellung, Größe, Beinfreiheit).

Stichwortverzeichnis